怒らないママになる 子育てのルール

愛情を上手に伝えるハッピーコーチング

近藤直樹 和田晃一
Naoki Kondo & Koichi Wada

SOGO HOREI PUBLISHING CO., LTD

プロローグ

ガミガミお母さんにならないためのコーチング・エッセンス

あなたは、子育てについてどのように感じていますか？


「子どもがダダをこねてばかりで大変」

「グズって素直に言われたことをしてくれないから時間がかかる」

「自分のやりたいことをしている暇がなく、まったくできない」

「ついイライラしてしまい、怒鳴ってばかり。母親失格かしら」

「『絶対にイヤだ！』と言って、こちらが言ったことをやってはくれない」


など、子育てに対しての思いはさまざまだと思います。

もし素直ないい子に育ってくれたら、ガミガミ怒らないでいつも朗らかなお母さんでいられるのに、と感じている方もいるかもしれません。

子育てには、お母さんの「困った」がつきものです。

しかし、子育ての「困った」は、考え方や捉え方を少しだけ変えるだけで、ウソのように軽くなっていくのです。

本書では、あなたとお子さんがハッピーに変われる、ある方法をご紹介しています。

その方法とは、**「待つ」というコーチング・エッセンスを、子育てにもっと取り入れてみる**ということです。


コーチングなど、人材育成関連でも注目される「待つ」ということは、子育てにこそ必要な考え方なのではないかと感じていました。

なぜなら、ほんの少しでも「待ってみる」ということを心がけてみると、子育てはとてもラクになり、充実してくるものだからです。
・ダダをこねているときに、待ってみる
・癇癪《かんしゃく》をなだめようとせずに、ただ待ってみる
・モタモタとして見える行動を、待ってみる

こうして待ってみたときに、子どもとあなたに生じる、素晴らしい変化を感じていただけることと思います。

「待ってあげたいけれど、時間がないんです！」

というご意見も、もちろんあると思います。

そこで、本書では、子どもの反応を待てるちょっとしたコツもご紹介しています。

本書の「待つ」ためのコツには難しいものはありません。やろうと思えば、いつでもはじめることのできる、そんなカンタンな取り組みばかりです。


ここで、子どもを信頼できる大人に待ってもらえたおかげで、素晴らしい成長を遂げた子どもたちのお話しをご紹介します。ある幼稚園で実際にあった出来事です。


悠輔くんは体の大きな、力の強い男の子です。でも、自分の感情を言葉にして伝えることが苦手です。そのため、つい先に手や足が出てしまいがちでした。

「悠輔くんと遊ぶのやだー」

この、悲しい言葉に悠輔くんの心は傷つけられ、出口を求める感情はさらなる暴力となって友達を傷つけてしまいます。

幼稚園教諭になって間もない担任の奈緒美先生は、そんな悠輔くんの姿を見て、どうしたらいいのだろうか？　と悩んでいました。

もちろん「暴力はいけません」とお説教することもできますし、ルールを決めて子どもたちに守らせることもできます。

でも本当にそうするのがいいのか、自信がありませんでした。

そこで園長先生に相談してみたところ、「ただ子どもたちをよく見て、待ってみなさい」というアドバイスを受けました。

奈緒美先生は、言葉や手足がくり出す暴力自体ではなく、悠輔くんをただよく見て、「心の声」が聞こえてくるようになるまで待つことにしました。

その日々は、決して短いものではありませんでした。

しかしある日、子どもたちに変化が起こりました。

悠輔くんが折り紙で折ったセミを、カバンいっぱいに詰め込んで幼稚園にやってきました。悠輔くんが折り紙を折ってきたことも驚きです。

奈緒美先生はさっそくみんなに声をかけます。

「悠輔くんがこーんなにたくさんセミを折ってきてくれたよー」

「わーすごい！」

「どうやって折るの？」

「悠輔くんおしえてー」

少し照れたような表情で、悠輔くんの折り紙教室がはじまりました。

その後、悠輔くんはクラスのみんなとお話しができるようになり、ぶったり、蹴ったり、叩いたり、といった行動もほとんど見られなくなりました。


奈緒美先生はこのことをきっかけに、「子どもたちはきっと解決策を知っている。少なくとも、子どもたちこそ『解決したい、よい方向へ進みたい』と願っている。むしろ知らないのは大人のほうなのかもしれない。子どもと一緒に、進むべき方向を悩みながらでも、待ってあげよう」と感じたそうです。

子どもから学ぶ、これには大人の常識、つまり先入観を持たないようにつとめ、子どもの気持ちに寄り添うことからはじめなければなりません。

この子はどんな気持ちでいるのか？　どんな風に感じているのか？　子どもに流れる時間はそれぞれのスピードがあり、ましてや大人のスピードとはまったく違うものです。

一人ひとりのスピードに合わせ、大人の「リーズナブルな」解決策へ誘導しない、これだけでも子どもは大きく成長してくれます。


あまり無理をせず、お母さんとしての責任を感じ過ぎなくても大丈夫です。

子どもをすくすく育てる方法はたくさんあり、それは決して、特別なテクニックではありません。

その1つが本書の「待ってみる」という取り組みなのです。

「待つ」という取り組みは、スキルやテクニックではないのです。特別なことではなくて、誰にでもできるちょっとしたことなのですが、コーチングなどの人材育成に関する教科書に「待つスキル」は書いてはありません。しかし、人の可能性を引き出す優秀なコーチは、自然と「待つ」ことができています。

「待つことが大事です」と言うと、なーんだ、と思う人がいらっしゃるかもしれませんが、それなりに慣れる必要があります。

本書では、慣れるためヒントを紹介しています。そして、本書を読み進めていけば、子育てという経験を、お母さんやお父さんがもっと楽しめることを知っていただけることと思います。

「待ってみる」ことができるかどうかは、大人の心の持ち方次第です。

それさえ心がけていれば、子どもの持つ「その人らしさ」を花開かせる、効果的な手段であることをきっと実感していただけるはずです。

もちろん、子どもは100人いれば100通りの反応をしめしますので、いざやってみるとなると、「効果が本当にあるのだろうか？」と不安になることもあると思います。

でも、ひょっとすると、昨日はまったく効果がなかったのに、今日は効果を実感できるといったことがあるかもしれません。

まずは「できることを少しずつ、できるときにやる」くらいの気持ちで取り組んでいただければと思います。

本書を読み終えたころには「大変だけど、おもしろいんだ！」と、子育ての素晴らしさに希望を持てるようになっていることでしょう！

怒らないママになる
子育てのルール
●
もくじ

Chapter 2
毎日が楽しくなるハッピー育児テクニック

Chapter 3

ゆっくり子育てが子どもの自信を育てる

装丁：田中正人
本文イラスト：あきんこ
組版：横内俊彦

Chapter 1

子どもが素直に育つ 魔法のコーチング

どんなお母さんになりたいですか？

先日、電車に乗っているときに、はしゃぎながら大声を出している子どもの横で、ヘトヘトに疲れて注意する余裕すらなくなっているお母さんを見かけました。

そのときの話を、教育の現場にいる保育士の友人に話したところ、

「経済的な面だけではなくて、時間的な面や、心のゆとりといったいろいろな『余裕』が、お母さんやお父さんから消えてしまっているようですね」

と、友人は話していました。

たしかに子育ては体力的にも精神的にも大変なものですが、それ以上に喜びを感じられ、何より楽しいものだと思います。

そんな子育てに関して余裕を感じられなくなるのはなぜなのでしょか？

その理由として考えられることは、便利な生活環境にいる私たちは自分でも気がつ

かないうちに、便利で効率のいい方法を探してしまっているということです。

私たちは少し忙しくなっただけで、目の前にあることがらを何とか効率よく解決しようとしてしまうのです。

私はこのような現象が、子育てにも現れてきているのではないかと思っています。

子育てに正解はありません。１００人の子どもがいたら、１００通りの育て方があっていいと思います。

しかし、効率を求めてしまうと、「こう育てればいいの？」というような、言わば分かりやすい正解を求めようという気持ちが働いてしまうのです。

不思議なことに効率と言い出すと私たちは忙しくなるようです。

このような忙しい時代の子育てで大切にしたいことは、「子どもにどう育ってほしいのか？」という問いかけから、今の自分とお子さんを見つめ直してみることです。

「たくさん外で遊ぶ元気な子になってほしい」

「勉強やお手伝いをする子」

「やさしくて、思いやりのある、素直な子」

「自分の意志をしっかり持っている子」

問いかけをしてみると、「こうなって欲しい」という子どもへの期待が意外と多かったことに気がつきませんか？

誰にとっても自分の子どもは特別です。特別であるがゆえに、なかなか客観的になれないものですね。

「子どもにこうなってほしい」という期待が強くなると、つい「ああしなさい、こうしなさい」という命令が多くなってしまいますが、それも当然です。

しかし、その期待通りにことが進まないとイライラしたり、他の子はできているのに、自分の子だけできないと不安になったりしてしまいます。

また少子化も進み、ひとりっ子が増えています。兄弟姉妹がいれば、お母さんのイライラも分散するでしょうが、ひとりっ子の場合は、自分ひとりだけが責められるというふうに感じるでしょう。

お母さんの不安を一身に受けるひとりっ子の場合はとくに、子どもからすると集中的に自分だけが言われるということになります。何度も同じことを言われると「責められている。自分はダメな子なんだ」と自己否定する気持ちを感じてしまいます。

何十人、何百人と子どもを見て、「人にはそれぞれに個性があり、みんな違う長所を持っている」ということを熟知している保育士や幼稚園の先生でさえ、「自身の子どもには客観的になれない」、とおっしゃっていました。

子育ての不安を解消するために必要なこと。それは、子どもを変えようとするよりも「自分はどんな親になりたいのか？」ということを見定めることです。

つまり「自分の人生にとって価値のあるものは何なのか？」ということについて自分なりに納得しているということがとても大切です。

子育て中のお母さんにこの質問をしてみると、多くのお母さんが「自分の人生でもっとも大切なものは『家族』、とくに『子ども』」と答えます。

愛すべき存在を大切にするのは素晴らしいことです。ただし、「そうでなくてはいけない。それが親というもの」と自分に言い聞かせて、いつでも自分を追いつめることはありません。親も人ですから、いろいろな感情を味わってもいいのです。

家族は大切な存在ですが、「それだけが大事」である必要はありません。

「子どもだけ大事」と思っていると、先ほどの話のように、**いいお母さんになりたい気持ちから、無理に自分を押し込めようとしてしまいます。結果、イライラがつのったり、孤独や不安になったりしてしまう**のです。

子育てに限らず、人生は自分の価値観を自分自身で納得していることが大切です。

なぜなら、自分を客観的に見ることができるようになるからです。

時間に追われて、自分を見失いがちな毎日では、「自分はどうなりたいのか?」という質問は、誰にとってもとても大事なことなのです。これは、子育てでも同じことが言えます。

あなた自身が「どんな親になりたいのか?」を見定めた上で、その後に「子どもにどうなってほしいか?」を考えてみましょう。

「自分と未来は変えられるけど、他人と過去は変えられない」という格言がありますが、子育てにもそれは通用します。

「自分はどういう人になりたいのか?」という質問がなくなると、子どもに注意が集中します。しかし、そのことにはなかなか気づくことができません。次のエクササイズを、自分を見つめるきっかけにしてみて下さい。

エクササイズ1

あなたが考える「人生で価値のあるもの」をランキングにしてみてください。

このリストは誰かに見せるものではありません。見られて負い目を感じる必要もなければ、壮大な理想だけを描く必要もありません。

「価値があると感じること」「やりたいこと」など。

時間がかかることや、すぐにできそうなこと、「難しそうだな」と感じることでも結構です。

また、ランキングといっても、どんな順番で書いてもかまいませんので、頭にふっと浮かんだものできるだけ書いてみてください。

エクササイズ2

「なりたい自分」をイメージしてみてください。

親としてでも、女（男）としてでも、大人としてでも何でもかまいません。


自分がどうなりたいか、のだいたいが見えてきたら、次はお子さんに対して、「こうなってほしい」「こう育ってほしい」と思いつくことを、とにかくたくさんリストアップしてみましょう。

そのとき、「私の子どもだから無理だ」とか、「私はこの子をそんな風に育てられない」などが出てきてしまうかもしれません。

そんなときは、「できるか、できないか？」ではなくて、「そうなってほしい」という思いをたくさん書いてみてください。

もし、あなた自身が子どものころに、親から受けていた期待などがありましたら、それと今回作ってみたリストを比較してみても、新たな発見があるかもしれません。似ているのか、反面教師となっているのかなど、気づいたことを紙に書き出してみましょう。

感情を味わう喜びを教えましょう

現在では、多くの人が忙しく過ごしていると、お話ししました。

忙しい毎日では、効率が求められます。効率を求めていると、じっくり考えて、長い間かけて大きなことをすることよりも、「すぐに正解を出す」人のほうが高く評価されます。

他人とは違った個性的な発想をするとか、新しいことを創造するということはあまり評価されません。なぜなら、創造性はときに効率が悪いからです。

そういった効率社会に慣れている私たちには、どのようなことであっても即断即決をするクセがついています。

宿題で悩んでいるお子さんに、間髪入れずに「正解」を教えてあげてしまったという経験はありませんか？

正解を与えてしまったら、子どもは答えが分かっても、その問題を解く力を身につけていないので、長期的に見ればマイナスになります。答えを与えることで、問題を解く力や、問題が解けなくて悩む体験や、問題が解けたときの喜びをすべて奪ってしまうことにもなるのです。

また、子どもがケンカをしているとき、「なぜケンカをしたのか」という子どもの事情より、「ケンカをやめさせる」ということに、着目しすぎてしまうこともあります。そういったとき、その場はおさまっても根本の決着がついていないので、また同じような問題が起きたときにケンカをしてしまうものです。

お母さんが忙しい状態では「ああしなさい」「こうしなさい」と命令が多くなってしまいます。命令することによって、「こうすればいいんだ」という答えを子どもは親から得ます。

宿題の答えが分かったり、ケンカが収まったりといった、「答え」という解決策を子どもが得ることによって、その場ではなんとかうまくいくように見えることも多いのです。

このような言葉が子どものどのような反応を呼ぶのか、言われるほうの立場に立ってみると分かると思います。

たとえば、何かする前に、「ああしなさい」「こうしなさい」「あれはしちゃダメ」「これはしちゃダメ」と言われたとしたら、だんだん嫌になってくると思います。

一度目はまだ「答えが分かった」からいいのですが、同じことを何度も言われたら、「その話は前にも聞いたよ！」と、イライラしてつい怒りをぶつけたくなりますね。

小さい子どもは、まだ言葉巧みに反抗できないので気づきにくいのですが、そういったイライラからくるストレスをしっかり感じています。

禁止されたり命令されるほど、子どもは「自分では何もやってはいけないんだ」と感じるようになります。そして、自発的に何かをやることを遠慮してしまうのです。

以前、講演先の幼稚園で、こんなお子さんを見かけたことがあります。

幼稚園で先生にまとわりついて「遊んで、遊んで！」とせがんできていたのに、お母さんが来たと分かった途端に、せがむのをやめていい子になるのです。それは、礼儀正しいのではなくて、軽い恐怖感がしみついているようにも見えました。

親の前ではいい子でいることに一生懸命なだけですが、だんだん遠慮をするようになり、そのうち自己表現ができなくなっていきます。

やがて、**子どもは「自分が何を感じているのか」が分からなくなる**のです。

さらには、**ストレスになるぐらいなら感じるのをやめる**ようになってしまいます。

また、急かされて、何かをやらされた体験を持つ子どもは、反射的に行動することを覚えます。そのため、**次第に自分の感情を味わうことをやめて、まるで機械のように感情を無視する子どもまでいます**。

自分の将来に役に立つとか、自分のやりがいになるという未来志向で何かにチャレンジするのではなくて、「今さえよければ」「快いと感じればいい」という傾向になります。

昨今、自分の気持ちを言えない子どもが多くなっているのは、自分の感情を味わわないで、いつも急かされているからだとも言えるのです。

自分の行動基準が「好きか」「嫌いか」の二者択一程度の選択肢しかなくなります。

難しいと感じて「やめる」という選択ばかりしていたら、その子は、考える力を成長させる機会を失ってしまうのです。

子どもが「好きか」「嫌いか」だけで判断するクセをつけないために大事なことが、「待つ」ということです。

子どもの行動を見ているとつい「～しちゃだめ」と言いたくなるかもしれません。あるいは、「こうしなさい」と言いたくなるかもしれません。しかし、そこをこらえて、ちょっと待ってみましょう。

子どもが困っているときでも「こうすればいいのよ」と正解を与えるのではなくて、子ども自身が自分の気持ちを表現するまで待ってみてください。

子どもが自分の気持ちを自分から表現できるようになると、子どもの気持ちが分かるようになります。

たとえ最初は支離滅裂な表現だったとしても、自分の言葉で表現してみると、自分が何を感じているのか、あるいは、何を考えているのかを整理できるようになります。

そうすれば、友達を作るのも上手になるでしょうし、何より積極的な子どもになるでしょう。

気持ちを表現するのが最初から上手な子ばかりではないので、うまく言えないかもしれません。しかし、まずはお母さんやお父さんが、しっかりと子どもの言葉を聞いてあげることがとても大事です。

おそらくその時間は数分、長くても数十分程度でいいはずです。たいていの場合は「長い時間待った」と感じたとしても、実際は3分も経っていないことが多いのです。

「待つ」という行為は、外から見ると何もしないでいるように見えるかもしれませんが、「放っておく」ということとも少しちがいます。

行動として何かをするわけではありませんが、子どもには注意を向け続けるのです。

「開かれた質問」で感じる心を育てましょう

私たちは日常的に、気持ちに対しても「正解を与える」ということをしている場合があります。

たとえば、転んだ子どもに「痛いの?」と尋ねることは、やんわりと「痛がる」という正解を与えていることになります。

感じる気持ちはひとつではないのに、このような質問で「痛いと感じなさい」と、背後から命令していることになってしまうのです。

このような「はい」か「いいえ」でしか答えられない質問を「**閉じられた質問**」と呼びます。「痛いの?」のように、「痛い(=はい)」か「痛くない(=いいえ)」のどちらかにしか答えられないような質問のことです。

子どもは転んだときに、「痛さ」を感じているかもしれないし、「びっくりした」のかもしれないし、「かっこ悪い」と思っているかもしれません。「これからどうしよう」と迷っている子もいるでしょう。感情は同時にいくつも生まれるのです。

しかし、「痛いの？」と言われると、痛いことにだけに焦点が定まってしまい、他の気持ちに本人が気づかない場合もあります。

閉じられた質問を通して、知らず知らずのうちに子どもに「どう感じるか」の正解を与えているのです。

また、感じ方の正解を与えられた子どもは、他人の言いなりになりやすく、自分の感情にだんだん鈍くなっていきます。

一方、何でも答えることのできる質問のことを「**開かれた質問**」と言います。

開かれた質問には、どんな答え方でも成り立ちます。たとえば「どうしたの？」とか「何があったの？」などの「はい」「いいえ」以外でいろいろな答え方ができる質問などがそれに当ります。

子どもが明らかに痛そうにしていたとしても、**子どもがどんな答えでも返すことが**

できるような質問をするのです。

「どうしたの？」だったら、「痛い」と言うかもしれないし、「かっこ悪いな！」って言うかもしれません。ときには「何でもない」や、「ママ、心配しなくても平気だよ」と言う元気な子どももいるかもしれませんね。

注意点としては、ただ言い方だけ「どうしたの？」に変えればいいということではないということです。

お母さんの心の中に「痛いはずだ」という強い断定があると、子どもは自然にそれを察知して「痛い」と答えるようです。

子どもが何を感じてどうしたいのかは子どもにしか分かりません。質問するときの言い方だけではなくて、「この子は本当はどう感じているのだろう？」という子どもへの好奇心を忘れないでください。

エクササイズ1

1日をふり返ってみて、「閉じられた質問」と「開かれた質問」のどちらの質問をしたのか、考えてみて下さい。できればリストアップしてみてください。また、そのときの自分の反応はどうだったかも味わいつくしてみてください。

たとえば、ほめる気持ちやうれしく思う気持ち、逆に怒りやイライラした気持ちなどもそのまま受け止めてみましょう。


【閉じられた質問の例】

「この宿題やりたくないの?」

「トマト好き?」


【開かれた質問の例】

「将来、何になりたいの?」

「(食べ物で)何が好きなの?」

エクササイズ2

妹をぶっているお兄ちゃんに対して、「ぶっちゃいけません」と言う前に、あなたはある質問を考えました。それはどんな質問でしたか?

「どうして妹をぶったりするの?」など……閉じられた質問

理由を聞く「どうして」「なぜ」は一見して開かれた質問のように思われますが、実は閉じられた質問です。

「どうしたの？（または、何があったの？）」など……開かれた質問

子どもはもしかして、「妹が自分のお菓子を勝手に食べた」と、腹を立ててぶったのかもしれません。子どもの心の声を聞いてみましょう。

エクササイズ3

子どもの言葉を待ってみて、どういうことが起きたかを観察して下さい。

例）子どもが転んで足をすりむいた。観察していると大声で泣きはじめた。

←

「どうしたの？」と声をかけてみたら、「痛いの！」と答えた。

←

「そう、痛いの」と言って待ってみた。

←

子どもは自然に泣きやみ、こちらが何もしなくても、「消毒する」と言って、自ら足から汚れを落とした。「自分で洗えて、○○ちゃんはえらいね！」とほめたら、誇らしげだった。

待てるようになるちょっとしたコツ

子どもがなかなか泣き止まないとき、あなたはどうしていますか？

私はそんなとき、「待つ」ということをおすすめしています。

ずっと泣いているかもしれませんが、泣き止ませるためにあなたのほうが積極的に行動するのではなく、泣かせてあげましょう。

もちろん、救急車を呼ぶような緊急事態の場合は別です。きちんとお子さんの様子を見極めてください。

ある程度泣きやんだら、前節でお話しました、「開かれた質問」をしてみます。

「どうしたの？」と聞くと、子どもは自分でどうしたいかを言うはずです。

しかし、ただ「どうしたの」と言う前に、子どもがちゃんと感情を味わいきるまで、じっくり待ってあげましょう。

待つことは、子どもの自主性を尊重することでもあります。

ただ、何もしないままでいることは、時間の無駄ではないかと感じるかもしれませんが、子どもには貴重で、ぜいたくな時間なのです。

何もしないで、意味も目的もなく、ただ人と一緒に空間をともにすることはとても大事なことなのです。

もし、子どもを待てない自分がいたら、その待てない自分でさえも、ただ受け止めてあげましょう。「私は待てません」と自分が今できないことを嘆くのではなくて、そのときは自分にも成長の必要がある、ということでしかないのです。

最初から完璧な子どもがいないのと同じで、親も最初から完璧ではないのです。

子育ては、同時に自分育てでもあります。子どもと自分がともに育つから、子育ては、子どものためであると同時に自分のことでもあります。自分の成長もぜひ楽しんで下さい。

また、待つことは信頼と愛情を相手に注ぐということでもあります。そして、子どもへの愛情をそそぐということは、自分への愛情をふり向けるということでもあるの

です。

なかなか「待つ」ことができない、という方には、時間を作るちょっとしたコツを試していただきたいと思います。

待てないときには、「忙しい」「時間がない」と感じている背景があります。

もちろん、現実的に時間がないときも多くあるでしょう。

しかし、「忙しい」「時間がない」と感じていると、実際に時間があるときにでも、「待つ」ことができなくなってくるのです。


普段から、「忙しい」「時間がない」にとらわれないようにするためには、たとえば、**「早く」「さっさと」などのように急かせる言葉が出る前に、秒数をカウントするという方法**があります。

「早く」「さっさと」「今すぐに」などの言葉を言うまでの時間を測ってみて自覚するようになると、「いまどのぐらい忙しいと感じているか？」が次第に分かるようになってきます。すると、そんなに切羽詰っていないことに気がつくでしょう。

あるいは、毎朝、今日の天気を子どもと一緒に話してみるという方法があります。

「ただ、空を眺める」ということをしてみて、子どもが何か言うまで、話すまで待ってあげましょう。

待ってみる間、自分の気持ちを味わう感じで、何もしないでいましょう。**最初は待つ時間を10分間と決めてみてもいいかもしれません**。次第に、それほど、長い時間待っていなくても、子どもとの「何もしない時間」が増えることによって、待てるようになってきます。

はじめはイライラしたり、ほんの10分間でもとても長く感じるかもしれません。それはそれでいいのです。

待てるようになるには、物理的に時間があるかどうかということではなくて、心の余裕があるとできるようになります。

心の余裕を持てるようになるために、あえてゆっくりと、何もしないぜいたくな時間を過ごすという体験をしてほしいと思います、「自分には時間がある」と感じるには、ときにはムダだと思えることをしてみるのをおすすめします。

甘えやイタズラは大切な自己表現

そもそも人は、自己表現をしたい動物です。それは大人だけでなく、小さい子も同じです。

自分が思っていること、感じたこと、感動したこと、楽しいこと、悲しいこと、嫌なこと、それが何であれ表現をしています。

そして、大切な人には表現したことを分かってもらいたいと感じるものです。

子育てでは、**子どもの自己表現を両親が受け止めてあげないと、子どもは「存在を認められていない」と感じてしまいます。**

子どもが自分を表現しているときは、まずはしっかり子どもの言うことを聴いてあげることが本当に大事です。

子どもの言うことをそのまま受け取ってください。

ここで言う、そのまま受け取るとは、自分が理解できるように解釈するという意味ではありません。子どもなりの理屈があるので、それも含めて受け取ってあげるという意味です。

ときには、子どもは経験がないためにはちゃめちゃな解釈をして、まったく理解できないことを言うこともありますね。それでも、「言葉通り」に聴いてあげることが大事です。子どもと議論をするのではなくて、ときには論理的でない子どもの話をただ解釈なしに聴いてあげましょう。

子どもはお母さんやお父さんに、「自己表現を聴いてもらえた」「分かってもらえた」という感覚だけで満足します。

ですから、子どもの話を「忙しい」とか「またあとで」などと言って聴いてあげないと、いつまでも「分かってもらえた」という感覚が得られないため、孤独感を背負ったまま、大きくなってしまいます。

たった5分や10分間でもいいのです。子どもの話に耳を傾けてあげましょう。

ある私の友人は、自宅で仕事をしているときに、息子さんに何度も「話しを聴いて～」と言われていたそうです。そこであるとき、ちゃんと話しを聴いてみようと思って、全身で話しを聴いてみたそうです。

「お父さんねえねえ聴いて」と息子。「何？」と父親が返事をしました。しかし、ただ「何？」と言っただけで、息子は「もういいの」と言って済んでしまいました。息子が実際に何を思っていたかは分かりません。しかし、その父親がふり返るには、「きっと、今までは、頷いていたりして、聴いているフリをしていたけれど、本当には聴いていなかったんだと思う。今回初めて、心から息子の話を聴きたい、と思って耳を傾けたら、息子はもう聴かれた感じがして、『もう、いいの』と言ったんだと思う」と、言っていました。何度も同じことをくり返していたときは、息子は言葉では「分かったよ」「なるほど」と言われても、聴かれたという体験をしていなかったのでしょう。

しかし、普段からこうやって心の耳で聴かれているという体験を感じていると、安心するのでしょう。そして、子どもは自分が表現できたことに満足するのです。このように、自己表現を受け止めてあげると子どもは心から喜びます。

人生で幸せを感じられるかどうかは、自分のやりたいことを精一杯やれているかということが大切なポイントになってきます。それは、幼いときでも同じなのです。幼い子は、親がやりがいを一緒に見つめてあげることで、生きる幸せを感じて大きく成長してくれます。

逆にそれを止めてしまうということも、自己表現をする機会をうばってしまうことになるのです。

エクササイズ

ときどき子どもに、「いま、何をしているの？」などと質問してみて下さい。

子どもの答えにあまり納得できなくても、評価をしないで、ただその言葉のまま受け取ってみて下さい。子どもの自己表現をそのまま聴いてあげましょう。

「ついついイライラ」とサヨナラする方法

育児の悩みで最も多いのが「つい子どもに対してイライラしてしまう」というものです。

育児関連のアンケートでは、常にこの悩みが上位を占めています。

子育てへのイライラ経験は、子どもが大きくなるとさらに増えて行き、イライラを感じる人の数も過去に比べて数倍に増えているという調査結果もあるようです。

イライラを解消するために、次のことに取り組んでいただきたいと思います。

「今日わが子にイライラさせられたこと」を3つあげてください。

今日は特にない、という方は、最近の3つで結構です。

よく挙げられるイライラ事例の特徴と、それと自然にサヨナラできる方法について お話しします。あなたの選んだ3つの事例といくつ重なるでしょうか？

◆素直に言うことを聞いてくれるようになる

「これはあぶないから触っちゃダメ」と言って、触らない子どもがいるでしょうか？ うちの娘たちも、熱いアイロンやミシン、火のついたガスコンロ、仏壇の線香に台所の包丁と、次々手を出しては叱られています。

大体、子どもというのは親が「やっちゃダメ！」と言ったことから最初にやるようなものです。

子どもは好奇心のかたまりであり、やっちゃダメと言っても興味や関心のほうが簡単に勝ってしまいます。怒られると分かっていてもやってしまうものです。

一方、「やっちゃダメ」なことを見直してみると、そのほとんどは、親にとって都合の悪い、言い換えれば親にとって面倒なことが「ダメなことリスト」になっていることに気づくのではないでしょうか？

本当に「やっちゃダメなこと」は命にかかわるようなことのはずで、「やっちゃダメ！」とつい言ってしまっているほとんどのことは、あとで冷静にふり返ったときには、笑ってしまうようなことばかりです。

もしイライラしそうになったら、「誰かにこのことを話して笑い話にしよう」などと心の余裕が持てれば、ガミガミ怒鳴ってしまうことが減るでしょう。

以前友人から聞いた話しですが、お子さんが米びつから米をざーっと出しながら、「雪だー」と言いながら遊んでいたことがありました。

友人は、つい「食べ物を粗末にしてはいけない」と怒鳴ったそうです。しかし、あとから思えば、もう少し楽しめればよかったと友人は言っていました。

後日、私の娘も同じようなことをしました。そこで、私は、つい怒鳴ってしまいそうになったのをちょっと横に置いておいて、「紙吹雪にするともっと楽しいよ～」と言いながら、子どもと一緒に遊んでみることにしました。

そして子ども自身がもう飽きてきたころに、「食べ物は粗末にしてはいけないよ」という話しをしたら、娘も分かってくれたようで、「はい」と言ってくれました。

私の妻はお母さん同士の集まりで、子どものエピソードを話しながら笑い合っていると言っていました。そうすると、つい目の前の子どものことだけだと思いがちなことも、他のお子さんも同じようないたずらをしているのだと思えると、不思議と許せるようになります。

ちょっとしたコツさえつかめば、子どもがイライラの原因になるようなことをしても、あとで、お母さん方で話し合って笑い合えるようなエピソードだと思えるようになります。

◆子どもの心を育てる叱り方

「何でこんなことしたの⁉」

「だって……」

「『だって』じゃなくて『ごめんなさい』でしょ⁉」

「でも……」

「☆■×◎▼◇‼」

よく見かける光景です。わが家でもほとんど毎日このようなことがくり返されています。

叱っている親にとって、子どもの「だって」「でも」という言葉はとてもイライラするものでしょう。

叱っているとき（実際には怒っているとき）、親は子どものいたずらを責めてしまうのですが、実はこれには教育的効果はほとんどないと言われています。

「なぜこんなことをした？」と問われれば、「だって○○だから」と言い訳をするのが普通です。大人だってそうですね。上司にこんな風に問われればその言い訳を答えてしまうはずです。

誰の子ども時代にも、「だって……」と答えては「口答えするんじゃありません！」と、ぴしゃりと親に封じられた思い出があるかもしれません。

親の側は、子どもが素直に謝り、反省することを求めているのに、意見を言われることが言い訳されたように聞こえてしまうのでしょう。

しかし、もうお分かりかもしれませんが、言い訳を引き出していたのは、他ならぬ

「なぜ」「どうして」という「過去に向かう」親の問いかけなのです。

「なぜ」は文法的には質問に使われる言葉ですが、心理的には相手を責めている言葉となります。

親とはいっても人の子、沸き上がる怒りを聖人君子のように簡単におさめたりはできないでしょう。ときには「こらーっ‼」と怒鳴りつけてしまうこともあると思います。叱るのはよくて怒るのはダメと言われても、そんなにうまく切り替えられるものでもありません。

子どもにも思いやりを持った感情があるのです。

自分のしたことが悪かった、親を悲しませてしまったと感じたら「ごめんなさい」という言葉が出てくるはずです。もしかすると、すぐは出ないかもしれません。

でも、お母さんやお父さんに、きちんと気持ちを聞いてもらえたことは、子どもも忘れずに覚えていてくれるものです。

「なぜ？」という言葉は文法的には正しくても、心理的には否定語です。それに代わる言葉に「何が？」があります。

「なぜ？」と言いたいときは、「何が起きたの？」とか、「どうしたの？」という言葉に置きかえて下さい。

ただし、先ほどの「何でこんなことしたの？」のように、「お前が悪い」という言葉が裏に隠れている聞き方では、あまり効果的ではありません。

子どもが「責められている」と受け取ってしまえば、子どもは自分の身を守りたいので、言い訳をしたりします。

詳細は68ページからの「私メッセージ」の項目でもふれますが、「どうしたの？」「何が起きたの？」と怒りがない状態で、ニュートラルにたずねましょう。

または「お母さん、悲しいな」、自分の気持ちを伝えることも、子どもの素直な気持ちを引き出させ、効果的に子どもの心へ届くでしょう。

◆泣いたりグズったりも受け入れてあげる

私にも経験がありますが、泣きやまない子どもにはずいぶん苦労させられるものですね……。

乳児期のいつ果てるともなく続く夜泣きや、問いただしてもよく理由の分からない幼児のグズり、眠くなってきたときの理不尽な行動などにはイライラしている人も多いのではないでしょうか?

また、どういうわけか、親がイライラすればするほど子どもはグズり、泣き叫びます。

イライラが高じて「もうこんな子はいらない! 大嫌い!」と感じることがあるかもしれません。

「こんな子いらない」という言葉は、やさしい言い方ではないかもしれませんが、そのように感じている人も結構いるみたいです。しかし、よっぽどのことがない限り人には自制心がありますから、実際には、どこかに置いてけぼりにするなどの行動に出ることはありません。心配しないでいただきたいのは、誰でも、究極的にイライラしていると、口に出せないような激しい怒りを覚えることがあるということです。

怒りを解消したり、コントロールするための手段はいくつかあります。

感情を抑えきれなくなったとき、私は子どもと一緒に泣いてみよう、と思うことにしています。

乳幼児は泣くことでストレスを解消すると言われており、何も不足していなくても眠りに落ちるまで泣き続けるときがあります。これは大人も同じで泣いてすっきりした経験のある方も多いのではないでしょうか。

私自身も、1日頑張って働いたあと、わが子のこの行為に「こっちが泣きたいくらいよ」と呟いてしまいました。そのとき、ふと「本当に泣いたらどうなるんだろう？」と思い、あやすことをやめて、子どもに向かって泣き言を言ってみました。残念ながら、私はそのとき涙を流して泣くことはできませんでしたが、泣いてしまいたいくらいの感情をそのまま表に出してみました。

すると、子どもの泣く理由、グズる理由はきっとあるんだな、ということが分かったのです。すると、イライラがすーっと消えて行くのを感じました。

「母親が泣いてしまってはいけない」「泣いている場合じゃない」と考えるお母さんもいます。でもお母さんも人間ですから泣きたいときもあるでしょうし、そんなときは子どもと一緒に泣いてみるのもいいのではないかと思います。

そしてひとしきり子どもとともに涙を流し、あるいは泣き言を言い、やさしい気持ちになると、イライラもどこかに消えていきます。

「待つ」という感覚に近いかもしれません。自分や子どもの感情にそっと寄り添う感じで、「待ってみる」ということなのです。

イライラのよくあるタイプについて、その特徴と私の実践、アドバイスする対処法を書いておきましたが、この3つには共通していることがあります。

それは、私たち親の結果に対するこだわりです。

子育てをしているときに、「自分」が行ったことの結果についてのいい評価を得たいとか、過去の成功・失敗事例に当てはめて、「できるだけいい選択をしたい」というこだわりがある場合に、特にイライラモードが発動します。

つまり、子育てで何か失敗したパターンにはまっているように見える場合や、自分の予想外のことが起きたときに、とたんに不安となり、イライラをつのらせてしまうのです。

相手は、子どもとはいえ人間です。「～しなさい」と行動について命令することはできても、感情を従わせることはできません。嫌いなことを「好きになれ！」と命令されても難しいですよね。

極言すれば相手のことは、自分の子どもとはいえ変えることはできないのです。確実に変えることができるのは「自分だけ」です。

「子どもが、自分の期待している通りになる」という、結果に対するこだわりをなくしましょう。

もしくは期待はしても、予測以外のことが起きたとき、すんなり受け入れる、子どもに対するマイナスの評価を手放すことをやってみてはいかがでしょうか。

どんな結果であっても、たとえうまくいってもいかなくても、「この子が好きだ」と思い抱きしめる。そうするだけで、イライラはほとんど解消されていきます。

怒鳴ってしまいそうなときの一呼吸

　子育てをするときに、お行儀よくさせたり勉強の知識を教えることは大事です。しかし、**子どもがしたいということを止めない**ということもとても重要です。

　もちろん、止めないからといって、放任主義にしようということではありません。

　全部「やってはだめ」ということを言うのではなくて、子どもの将来にとって、「いま何を知っておく必要があるか？」に注意を払って伝えることが大事なのです。

　しっかり子どもと向き合っていると、いつ子どもを止めたほうがいいのかが見えてくるようになります。

　向き合っていると、赤ちゃんの泣き声を聞いて、おなかが減っているのか、おむつが濡れているのかが、なんとなく直感としてとらえられるようになるときがあります。

たとえば、言葉を話すことのできない動物の気持ちが分かる、という人がいるように、心が通じ合っていると、なんとなく子どもの気持ちも分かります。

経験から推測しているときももちろんありますが、それだけではなくて、言葉では説明できないけれど、他人には分からない範囲で子どもの泣き方の区別がつくようになる。それとなく直感的に分かるようになるようです。

同じように、子どもが少し大きくなっても、きちんと向き合っていれば、なんとなく子どもの状態を区別できるようになってきます。

そのように、子どもの微妙な状態を感じるために大事なことは、先ほど述べた「待つ」ということをし続けることです。

「待つ」と子どもの存在感を感じられます。「存在感」とは、なんとなく、その人がそこにいると感じている状態です。

友だちと話しをしていて、他のことを考えたりしていると、「どうしたの?」と目の前で、手を振られたりしたことはないでしょうか? 存在感がないと、相手は不安に思います。

私たちは、普段相手の「存在感」を感じながら会話をしています。普段会話をしているときなどは言葉のやりとりをしているので、この存在感の強弱はそんなに問題にはなりません。しかし、子どもとのかかわりの場合は、言葉のやり取りよりも、存在を示してあげることが大事です。つまり「しっかり存在してあげる」ということのほうが大事なのです。

目でみて感じる視覚的な感じとはちょっと違っているけれども、愛する相手が存在していることで感じる安心感です。恋人たちが黙っていても、相手がしっかりと存在していると感じて安心しているようなことです。

子どもの場合はとくに、この「言葉」に表しにくい存在感をダイレクトにより深く感じるようです。ですから、表面だけで、聴いているつもりであっても、子どもが同じことを何度も言っている場合は、存在をきちんと感じながら聴いていない場合があります。そういうときはまず、子どもにすべての注意を向けて感じてみましょう。

子どもを叱るときも同じです。

子どもの存在感をちゃんと受け止めてあげてから叱ると、子どもにも愛情が伝わります。

仮に、子どもが何か親の予測以外のことをしても、すぐに「～しなさい」などと言う前に、まずは、10秒でもいいから待ってみる。

いけないことを子どもに注意する前に、言葉を選んでみると、数秒の間があきます。

「あれはしてはいけない」「これはしてはいけない」とつい言いそうになるのを一呼吸待ってみるのです。

エジソンやワシントン、ノーベル物理学賞の小柴先生など、創造性を発揮して、立派な業績を残している人の多くは、子どものころいたずら好きだった人が多くいます。

また、いたずらは自発性にもつながります。

行儀をよくすることも大事です。ただ、立派な大人に育てることだけに集中すると、親の言うことに従うようにはなりますが、子どもはだんだん自分の考えで何かを工夫するといった創造性を発揮しなくなります。

自分で楽しんで自発的に行動をするというよりも、世に言う「指示待ち族」の予備軍になります。

多少やんちゃでも、表現力豊かな元気な子どもになったほうが、その子らしい人生を歩めるのではないでしょうか。

エクササイズ

お子さんに対して、反射的に、「～してはだめ」と言いたくなったときに、子どもはどうしてそうしたいのかをしばらく見て下さい。

時間がないときはたった3秒間でも結構ですが、時間があるときは、まず「～してはだめ」と言う前に、何も言わずに子どもを受け入れる感じでずっと見て下さい。


ときには、反射的に「～してはだめ！」といきなり言ってしまうこともあるでしょう。そのときは、あとでふり返ってみて、ご自分の心の動きを観察してみて下さい。

「あのときは、○○ちゃんが危ない、と思ったから怒ったんだな」といったように、ご自分の心の反応の流れを観察してみて下さい。

反射的な反応による行動も十分味わってみると、今度は少し待てる自分でいられることがあります。

反射的に子どもに伝えたときと、３秒（以上）待って子どもと話しをしたときに、子どもの受け取り方がどう変化するかも観察してみて下さい。

うまく受け止められるようになるには、受け止められない自分をたくさん実感することが大事です。失敗は、成功の素晴らしい第一歩なのです。

「あなたメッセージ」を使っていませんか？

先日、電車で大騒ぎしている子どもがいました。本を読んでいた私は「うるさいな～」と思いつつも、「まあ、子どもが騒がなくなったら世の中終わりだな」と思い直して本に集中することにしました。

さらに騒いでいる子どもを見てお母さんは、「○○ちゃん静かにしなさい！」と叱っていました。いや、叱るというよりも、恫喝《どうかつ》に近い感じの言い方です。

ときどき見かける親子の様子ではあります。

日常、子どもの行動に親はつい興奮して、イライラしてしまいますね。

たとえば、朝なかなか起きてこないときに、「幼稚園に遅れるでしょ！　早く起きなさい！」と怒ったり、いつまでも食事が終わらない子に「ゴハンを早く食べなさい」と怒鳴ったり。

夕方の慌しい時間帯、スーパーからの帰り道なのか、子どもの手を引いて「もっと急いで歩きなさい！」と注意しているお母さんもよく見かけます。

状況によって言い方はさまざまであると思いますが、こういった子どもへの促しはすべて、命令語の形をとっています。

こういった命令語は、「思い通りになってほしい」というメッセージなのです。

隠されてはいますが、主語はつねに、「あなたが、早く起きる」「あなたが、早く歩く」というように、「**あなた**」です。

このようなメッセージのことを「**あなたメッセージ**」と呼びます。

「あなたメッセージ」は、**指示や命令を含み、すでに方向性があって、評価がある、**といったメッセージのことです。

また、「あなたメッセージ」には往々にして、「だからあなたは悪い子」とか「今度は〇〇しなさい」などという言葉が隠されていたりもします。

ちなみに、「親子の間で、あなたメッセージが日常どのくらい使われているか？」

という研究があり、その結果、1日平均80回という統計データが出ていました。

これは学校での「あなたメッセージ」は数えていないので、家にいる間は、1時間に15回程度言われているという計算になります。つまり、子どもは4～5分に一度は言われていることになります。

日常的に自然と話されるこの「あなたメッセージ」は、子どもがさまざまな能力を損う危険があるのです。

「あなたメッセージ」を日常的に伝えられていて、それに慣れている子どもは次にあげるような特徴を持った大人へと成長していきます。

- **創造性や想像力を発揮しなくなる**
- **自主性を失う**
- **未来・やり甲斐・価値を見い出せなくなる**
- **対等な関係やパートナーシップが失われる**

もちろん、一度「あなたメッセージ」を使ったくらいでは、右記の4つの能力をすぐに失うわけではありません。しかし、毎日徐々に慣らされると無意識的に4つの能力を失ってしまうのです。

忙しい状況や間がない状況、つまり「すぐに正解を出せ」という状況がこれに加わると子どもたちは反射的に「はい」か「いいえ」の決断をさせられるクセがつくので、自分では知らず知らずのうちに4つの能力が下がっていく可能性が高くなるのです。

また、4つの能力を損う危険があっても効果があれば、ときには必要かもしれません。しかし、「あなたメッセージ」とは、実は相手の行動を変えるという目的に対しても効果があまりないのです。その理由は、次の4つにあります。

「あなたメッセージ」は、

1. くり返し使いにくい

2. 言っている人の力が強くないと使えない

3. 抵抗や反発を生みやすい

4. 気分で決める（快・不快で決める）ようになる

という特徴があげられます。

少々、脅されているように感じてしまうかもしれませんが、近頃、短絡的な事件が多くなったのも「あなたメッセージ」の影響かもしれないのです。

「あなたメッセージ」ばかりしていると、先ほどのような弊害が出るおそれがあります。

しかし、もし「あなたメッセージ」ばかりをしていたとしても悲観する必要はありません。要は、「あなたメッセージ」をやめれば先ほどのような弊害が、今度は利点になる可能性があるのです。

では、その「あなたメッセージ」の弊害を避けて、どういうメッセージが子どもの創造性や自主性に役立つかを一緒に考えてみましょう。

エクササイズ

家で本を読もうとしたときに、子どもがＴＶを見ていた。あなたは子どもが見ているＴＶの音が気になって、本に集中できないとします。そのときにお子さんに何と言いますか？

普段のご自分なら何とおっしゃるでしょうか？　あるいは周りの人は、こんな状況では何と言っていますか？

・子どもに対して【　　　　　　　　　　　】と言う。

・子どもに対して【　　　　　　　　　　　】という行動をする。

たとえば、こんな状況のとき「子どもに対して【うるさい】と言う」という方がいらっしゃるとします。

「うるさい」というのは、メッセージを言っている側が「うるさい」と相手を評価している状態です。つまり「私はうるさいと思っている」という文章になりますね。

文法上は主語が「私」であるので、「あなたメッセージ」に見えません。

しかし、このようなメッセージには「評価する」という意味がこめられています。

つまり「あなたメッセージ」の変形なのです。

文法的には「あなた」が主語になっていなくても、「1．指示・命令がある」「2．方向性がある」「3．評価がある」を含むメッセージのことを、「あなたメッセージ」と言うのです。

人によっては「黙ってTVのスイッチを切る」という人もいると思います。これも言葉としては何も言ってはいませんが、「黙って切る」という行為にはこちらの指示があって、子どもをある方向へと向かせようとしています。このような場合も「あなたメッセージ」の変形だと言うことができます。

このエクササイズは、普段の自分はどういう言い方（行動）をしているか？　ということを大切にしてもらいたいので、ぜひ、やってみてください。

ただし、もし「あなたメッセージ」以外の言葉を思いつかないという場合も、心配しないで下さいね。

このエクササイズは、「あなたメッセージ」をどれだけ無意識的に使っているかを観察することで、自覚できるようにすることが目的です。自覚すれば違うメッセージを言うことができるからです。

自分が「望ましくない状況」に置かれたときには、「あなたメッセージ」を使っているかをまず感じ取っていただく意図で、このエクササイズに取り組んでほしいのです。

自分の伝えたメッセージが、「1．指示・命令がある」「2．方向性がある」「3．評価がある」のどれかに当てはまっていないかを、ふり返ってみましょう。

「私メッセージ」で子どもの自主性が伸びる

「あなたメッセージ」の弊害を避けるために、どういうメッセージを子どもに伝えていけば「自主性、創造性」が発揮される子どもに育つのでしょうか?

「あなたメッセージ」は、主語が、「あなた」です。

その反対の発想で、「**私メッセージ**」という伝え方をしてみましょう。

使い方は簡単です! 次に挙げる4つの要素にメッセージを変形してみましょう。

「私メッセージ」の4つの要素

1. 背景(事情、人間関係)

2. 具体的事実

3. 具体的影響

4．偽らざる気持ち

4つの要素が入ったメッセージの例

前節のエクササイズでの状況を例に「私メッセージ」を当てはめてみましょう。

「1）お母さん、この本を明日までにぜひ読んでしまいたいの。2）ただテレビの音が気になって、3）本に集中できないから、4）困っているの」

このメッセージを見て、本当にこれで言うことを聞いてくれるのかという印象を持つ方もいらっしゃるかもしれません。「力がないな」と感じる方もいらっしゃいます。

しかし、それはまったくの逆なのです。

相手を何とか変えようとする「あなたメッセージ」は、反発や抵抗を産むばかりで効果的ではない、ということをお話ししました。

一方、**この「私メッセージ」は、力づくで相手を変えようとするメッセージではありません。「私に協力して」という依頼のメッセージです。**

頼まれたことに対し、子どもが自主的に動いてくれる、とても有効なメッセージなのです。

アメリカのとある大学でこの「私メッセージ」を使った実験をしました。テレビを見ている子どもに先ほどの「私メッセージ」を投げかけてみたところ、だいたい7割の子どもは、自ら進んでテレビの音を小さくしたり、スイッチを切ったりしたそうです。

中には、「お母さん、何時まではこのテレビを見させてくれよ。それ以降は、お母さんが本を読みやすいようにスイッチを切って静かにしているから」と親と交渉するほど、考える力を伸ばす子も現れたそうです。

彼らは自分でどうしたらいいのかを考え、自主的に動いていますから、親に「無理矢理テレビのスイッチを切らされた」という意識はまったくありません。

むしろ、親が抱えている問題（本に集中できない）を子どもである自分自身が解決してあげたとさえ思ったらしいのです。

命令していないので、反抗も従属もありません。子どもが自らの判断で行った行動ですから、ケンカにもなりません。

「私メッセージ」は、「待つ」と同じで、「こう言ったら、こう変わる」という安直なテクニックではありません。ときには、うまくいかないこともありますし、失敗もあります。

しかし、**「私メッセージ」には、子どもの自主性や創造性を育てるためには絶大な効果があります**。

「待つ」と同じで、今日明日では即成果が見えないときもあるかもしれませんが、ぜひ使ってみていただきたいと思います。

もちろん私メッセージを使ったからといって、子どもは何もしてくれない場合もあります。子どもに対して「あなたメッセージ」をしていたのを突然変えたところで、以前の「命令」に慣れていた子どもは自分で判断ができないかもしれません。ときには親の言うとおりにならないこともあります。

「ヤダっ！」などとダダをこねるかもしれません。そして、それに対してイライラして「言うことを聞きなさい！」とつい「あなたメッセージ」を使ってしまうこともあるでしょう。

しかし、期待したように子どもが反応しなかったとしても、そこであきらめないで下さい。再び、「私メッセージ」を行う機会に、また試してみましょう。

「あなたメッセージ」をしてきた回数と同じぐらい、いやそれ以上に、何度も「私メッセージ」を試してみて下さい。

ちなみに「私メッセージ」は子育て以外でも、会社でも使えます。

ある大手企業にて経理を担当している友人は、この「私メッセージ」を同僚に使ったところ、絶大な効果を発揮して自分の仕事量が半分に減った人がいました。

これは、育児と仕事との両立を図らなくてはいけないお母さんには、朗報ではないでしょうか？

残業をしながら、子どものことを心配する状況が多くても、うまく自分の仕事量を減らして早く帰れるように、会社でも「私メッセージ」を試してみましょう。

友人は、「私メッセージ」を何度も使ったら、同僚が「じゃあ、その仕事私がやってあげるよ」と言ってくれた人が増えたそうです。そして、強制しているわけでもないのに、喜んで協力してくれたそうです。活用しない手はありません。

注意点として、私メッセージは、「私」が主語になるのですが、自分の心の中にいろいろな「言っていないこと」があると、言葉にしなくても、子どもに伝わるときがあります。

たとえば、「私は本を読みたいんだけどな……（だけど、あなたはいつも大きな音でテレビを見て邪魔をする）」などです。

子どもはこのような、言葉としては聞こえてこないが確実にある心の声に、大人よりも敏感です。

表面的な言葉は、「私メッセージ」の形であってもこれでは効果がありません。自分の中に、評価や指示があると、「あなたメッセージ」のような感じになることもあります。

また、感情をぶつけるのが目的になっている場合も効果がないです。

たとえば「私は本を読みたいの！」などと大声で言ったとしたら、形としては主語が私になっている「私メッセージ」ではあってもうまくいきません。言われた子どもは泣き出すか、逃げるか、場合によっては親子の信頼関係が崩れます。

やはりこれも「あなたメッセージ」の変形だと言えます。

ご自分の心の中の声もときどき聞いてみて、イライラしている自分がいたら、冷静になってみて下さい。

1日に、100回以上も「あなたメッセージ」を言われていたお子さんに対して、1回でも「私メッセージ」に変えるようにしてみることが大事なのです。

私メッセージを自然に使えるようになるまで、最初は意識的にメッセージを言ってみてください。

エクササイズ

「私メッセージ」で子どもに気持ちを伝えて下さい。

まずは、それほど急いでいないときに使ってみましょう。

少しずつ、急いでいるときにも使えるように心がけていきましょう。

使うときには、言い方だけではなくて、あなたの心の声が「私メッセージ」かどうかも観察してみて下さい。

また、言われたときの子どもが、どういう反応をするかを観察してみて下さい。子どもは、期待していた反応とはまったく異なった反応をすることがあります。それは子どもの創造性を発揮しているということかもしれません。

その思いがけない体験を、ぜひ楽しんでみて下さい。

ほめ言葉で子どもの「やる気」を育てる

先日、中学校の校長をしている恩師と話しをしたときに、「子育てで大事なことは何ですか?」という質問をしました。

その先生は、「子どもの表情の変化を見逃さないことが大事です。子どもは常に表情を変化させています。その表情の変化、とくに笑顔のときにあった出来事に対してほめてあげることがいい」と、おっしゃっていました。

たとえば、今までうまくズボンがはけなかったのに、時間をかけてなんとか1人だけではけたとします。あるいは、服の袖のボタンを親の力を借りずに自分1人だけでとめることができたとします。

ほんのささいなことですが、子どもにとってはちょっとした達成感を味わった瞬間です。そんなときに、子どもは笑顔になります。**その笑顔を見逃さずに、すかさずほめてあげることで自己肯定感につながり、子どもが伸びるのです**。

ほめてあげることで、子どもは、今度は、別のことにチャレンジしようという気持ちになります。自分からチャレンジしようという気持ちになった子どもは、前向きになっています。

子どもは表情豊かです。楽しいことがあったら笑顔になるし、悲しいことがあったら人前でも泣くし、何か正解が見つかったときなどにニヤりとします。

そのときの表情の変化を見逃さないで、そこに話しかけることはとても大事です。うまくいったときにはそのうまくいったことが自信につながり、その子の未来につながります。失敗したこともしっかり味わせてあげると、その失敗から学んで、次はうまくいくように工夫します。うまくいったらうれしいでしょうし、失敗したら悲しいでしょう。しかし、どちらにしても、その子が感じているその表情を見逃さないことが大事なのです。

感情は「喜怒哀楽」という言葉で表現されます。一言に喜怒哀楽といっても、違う種類の感情なのです。

その秘密は脳にある、**新皮質**と**旧皮質**という2箇所の部分に隠されています。

「喜び」と「悲しみ（哀しみ）」の感情は、脳の新皮質と呼ばれる部分が発達している動物にしかない「感情」です。

この新皮質は、「将来自分が何になりたいか？」などの未来や、「自分らしさ」「創造性」などを司っています。一言で言えば、「成長する」ために何をするのか？　ということを大事にしている脳だとも言えます。

子どもはほめられると、今度は「次に何をしようか？」「どんな困難なことを達成しようか？」などという発想になります。それは、この新皮質が刺激されているからなのです。

創造性を発揮したり、自主性を発揮し、未来指向型人間になるには、特に、この新皮質をうまく働かせることが大事です。

たとえば、テストでいい点をとってうれしかったら、「次もいい点を取るために、もっと勉強をしよう」と自然に勉強を楽しむようになり、未来指向になります。また、逆に悪い点を取ってしまって、悲しくなったり、泣いてしまったとしても、ちゃんと感情を味わうと、「次にいい点を取るにはどうしたらいいか？」と工夫したりします。新皮質を刺激してあげると、「次」「チャレンジ」「未来志向」「創造性」「想像力」が自然と活性化します。

喜びを味わった子どもは、「次にどううまくやろうか？」というチャレンジ精神が出てくるし、次はもっとうまくやろうと工夫しようと知恵を回すようになります。

特別なことをこちらからわざわざ教えなくても、好奇心の固まりである子どもは、放っておいても勝手に自分で工夫して、何か新しいことを学び取ろうとするのです。

それをうまくサポートしていれば、子どもは自分から工夫してチャレンジして成長するのです。

そして、新皮質を活性化させるために忘れてはいけないのが、旧皮質の存在です。旧皮質は感情で言うと、「喜怒哀楽」のうちの「楽」と「怒」をつかさどっており、同時に「欲求」を満たしている状態か、否かを判断しています。

旧皮質の「欲求」のうち、3大欲求とは、「食欲」「性欲」「集団欲」の3つと言われています。

「食欲」と「性欲」にくらべ、軽視されがちなのが、「集団欲」です。これは「あなたは私の仲間だよ」と仲間に扱ってもらうことで満たされる欲求です。この「仲間として扱ってもらう」ということを満たすことはとても大事なのです。

なぜなら「集団欲」が満たされて、旧皮質が満たされます。旧皮質が満たされると新皮質が活性化されるのです。

別の視点で言うと、「あなたはできるから、うちの子（仲間）よ」というのではなくて、「あなたはできてもできなくても、うちの子（仲間）よ」という「仲間」という欲求を満たされると、子どもは新皮質が刺激され、創造性を発揮して、未来志向になれるのです。結果的にできる子になりやすくなります。

「ほめて育てる」、というのは、脳の仕組みから言っても理にかなっているのです。

通常では、何があっても無条件で仲間として受け入れられる場所は家庭です。「あなたは私の仲間だよ」という集団欲が最も満たされる場所とも言えるかもしれません。

先日インタビューした幼稚園では、「喜び」だけではなく、「悲しみ」もちゃんと味

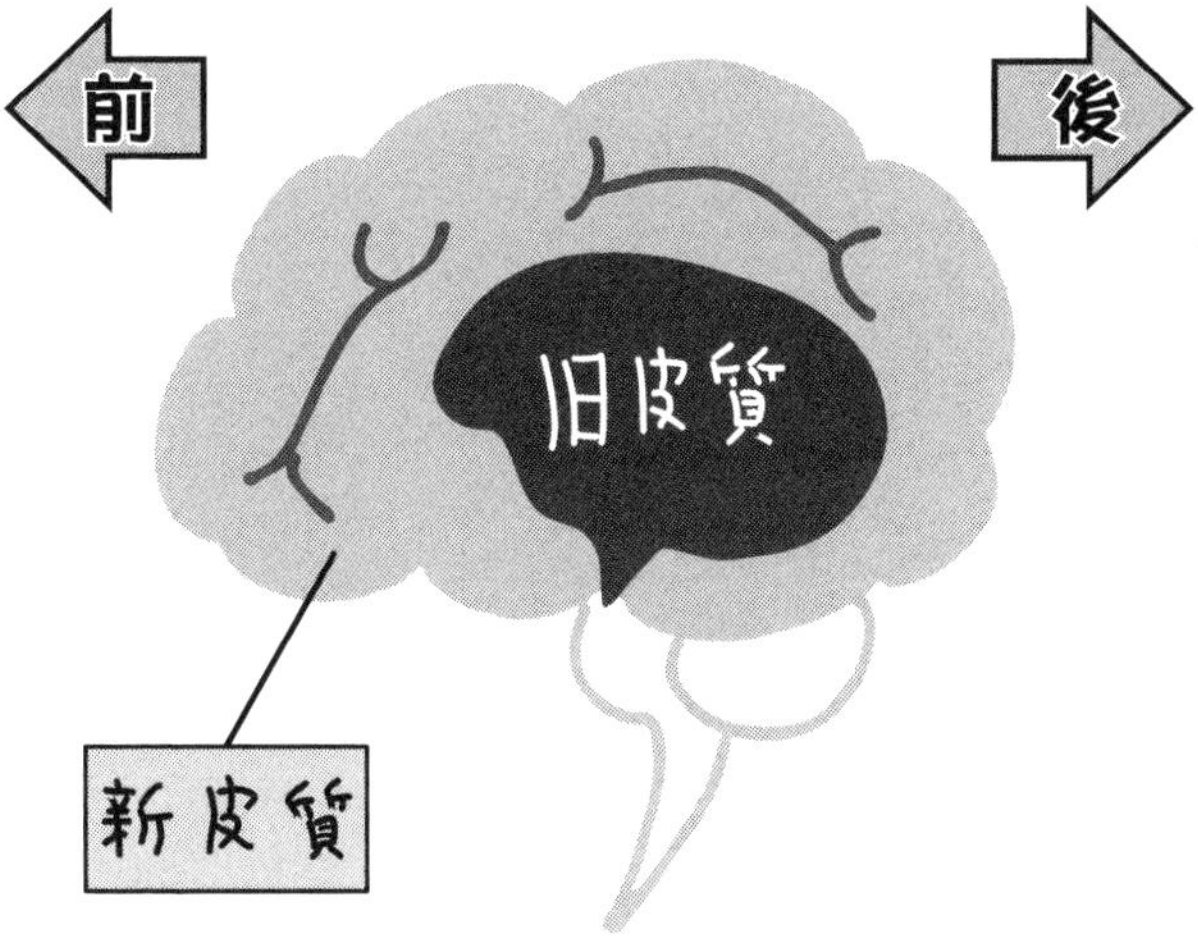

わうのが大事だという考え方をお持ちでした。子どもの「光の面」だけではなくて、「陰の面」の両方ともバランスよく見てあげる必要があるという話しを、園長先生が力説していました。Chapter 3でその幼稚園の具体的なお話しを引用しますが、子どもの創造性を引き出す教育方針は、この脳の機能からも裏づけられます。

表情の変化を観察するときのコツは、その子の「批判をしない」「否定をしない」「評価的に判断しない」ということです。自分なりの解釈をできるだけ横に置いておくというのもコツです。

その子が笑顔だからだといって、どう感

じているのかは実は分かりません。

もしかして、何か長い間悩んでいた問題が解けてうれしがっているのかもしれませんし、あるいは、いたずらの作戦を思いついて、ニヤりとしているのかもしれません。どれだけ、その子のことを分かっているつもりでも、子どもも1人の独立した人間です。本当にその子が何を感じているかは分かりません。だから、その子の表情が変化をしたら、ぜひ、「どうしたの?」とか「何かあったの?」などと質問をしてみて下さい。

表情が変化した瞬間に質問された子どもは、自分にとって一番大事だと思っていることを話すでしょう。一番大事なことを話した子どもは、たとえ話す時間が短くても印象深く心に残ります。

私も中学生のときに「英語がよくできているね」と先述の校長先生に言われたことがありました。

実力テストを返されながら、何気なく言われたのですが、とても自信になったことを覚えています。テストを見れば点数や偏差値が分かるから、何もわざわざ「英語ができたね」などと言わなくてもその結果は分かるのですが、絶妙なタイミングで言われたことが印象深く自分に残りました。

　自分でいい点を取って喜んでいるその瞬間に、「英語がよくできているね」という何気ないけれど簡単な一言が、本当にうれしかったのです。さらにじわじわとうれしさがこみ上げてきました。

　そして、その先生の言葉がきっかけになって、「もっと英語を勉強しよう」という意欲になり、大学で英語を専門にして、英語を仕事にするまで進みました。その校長先生は、学校と家庭と両方で「ほめる」タイミングを心得ていたようです。

　批判も否定もしないで、ただそのままにその子のことを観察してみることで、その子との本当の意味での心の交流が起きます。感じ取ってあげて下さい。


　子どもの観察がだんだんできるようになると、顔の表情がそのものが見えなくても何となくいろいろ感じられるようになるかもしれません。

　よく感じられるようになると、相手の行動が予測できるようになり、それをかなりの確率で当てることができるようになるそうです。

　プロスポーツの選手でそういうことができる人は結構います。知識として頭の中にある情報を操作しているのではなくて、直感的に、「あ、次、こっちいくな」というのが何となく感じられるようになるそうです。

しかし、そう書くと特別なことのように思えるかもしれませんが、それは特別なことではなくて、人が本来持っている何かを感じる能力のようなものがあるらしいのです。ちょっとしたコツさえつかめば誰でもできるようになります。

まずは、子どものことをただそのまま観察してみてください。

エクササイズ

子どものことを観察してみてください。そのときに、表情がどう変化するかを観察してみてください。変化した表情を見つけて声をかけてみたとき、子どもの答えをしっかりと受け取ってみてください。

自分の幼いときを思い出しましょう

子育て中には、「忙しい」「余裕がない」と思うときがしばしばあります。そうした「いっぱい、いっぱい」の状態のときに、親は子どもに対して、「自分が育てられた育て方」をしようとします。

ほとんどの人は、無意識的に親の癖をそのまま受け継いでいます。

あるとき、自己探求講座に参加していた人が、自分の癖について「どうしてそういう癖があるのだろう？」ということを徹底的に探求してみたところ、どうやら、親も同じ癖を持っていたということが判明したそうです。笑顔も同じような感じらしく、遺伝子に「笑顔」という項目はないのに、同じような傾向があったそうです。

たとえば「社会は厳しい」という考え方で育てられ方をした方は、自分の子育てをするときに、自分の子どもに「社会は厳しい」という考え方を無意識に教え込んでい

きます。「どうにかなるよ」という考え方をしている親に育てられた子どもは、「どうにかなるよと信じなさい」、などと言われたことがなくても、自然と「どうにかなるよ」という考え方を持つようになります。

親の考え方や行動パターンをそっくり子どもが無意識的にまねしてしまうという傾向は、よほど自覚をしないと、または、あるきっかけとなる出来事がないと意識することはできません。もちろん、受け継ぐといいような癖もあるでしょうが、不思議なことに、「こういう親になりたくはない」ということほど、受け継ぎやすいのです。心理学的には「否定したことほど、自分の潜在意識に定着する」という法則があることが分かっています。「たばこを吸ってはだめだ」ということを思えば思うほど「たばこを吸い続ける」ということも同じような例です。

「つい、カッとなって手を出してしまう」という無意識的な傾向も、ときには親から受け継いだパターンであることもあります。

よく、暴力を受けた子どもは、親になってから、自分の子どもに対しても暴力をふるってしまうということが言われます。そこまで、激しいことではなくても、親がある意味、自分にとっては絶対的な基準だった子ども時代があるので、知らず知らずのうちに、自分の親の子育てを無意識に継続します。

この親のことを受け継ぐという傾向は、祖父母の代からの影響ということもあるぐらいに強力です。

しかし、悲観的にならないでください。無意識の行動も自覚的になれば、ある程度コントロールできるようになります。

子どもの健やかな成長を願うのは当然です。その願いを叶えるために、「自分自身がどういう親になりたいか」という質問に取り組むことをおすすめします。

エクササイズ

自分が親に育てられた、育てられ方を具体的にとにかくたくさん思い出してください。そのときの感情も味わってください。
例：電車に乗って、靴を履いたまま窓の外側を後ろ向きに向いたら、ひどく怒られた。（具体的な事実）「お母さんに嫌われた」と悲しくなった。（そのときの感情）
具体的な出来事のうち、印象深いことを再度思い出してみてください。

そのことを思い出してみて、心の中でご両親がしてくれたことに「ありがとう」と言ってみてください。

すぐに、「ありがとう」の感情が湧いてこない場合は、何度も言ってみてください。ありがとう以外の感情が消えるまで、味わって下さい。ただ、何もせずに、「ありがとう」と言い続けて下さい。

親がそばにいる場合は、親に直接言ってみてもかまいません。

特に否定的な感情が湧いてきて、「ありがとう」となかなか言えない場合は、自分が今、親としてどう完璧であるか？　ということを検討してみてください。

もしかしたら、そのときのあなたのお母さんやお父さんは、忙しかったかもしれないし、あなたを育てるのに必死で大変な思いをして努力してくれたのかもしれません。子どもが完璧ではないのと同様に、親も完璧であったはずはないのです。完璧ではない親を許容して、あなたがいやだと思ったことに対しても、「ありがとう」と言ってみてください。

できればノートに毎日書いてみましょう。否定的な感情が完全に消し去れなくても結構です。少しでもやわらげばエクササイズは成功です。

お父さんがはりきって子育てしたくなるためのヒント

子育てをしているといろいろ自問自答の考えが増えていきます。

「あのとき、叱ったのがよかったんだろうか?」「私の子育てって間違っていないか?」「まだ読み書きができなくて、この子は将来どうなってしまうのだろうか?」

自問自答していると、つい不安になってしまいます。

以前4人のお子さんを立派に育てあげたお母さんと話しをしたことがあります。

そのときに、「子育てをしている中で一番大事なことはどういったことでしたか?」という質問をしました。するとそのお母さんに言われたことは、「1人きりで子育てをしないことですかね~」と言われました。

つまり、1人きりだと閉塞的になってしまう。不安を抱えながら子育てをしているといいことはない、ということでした。

それでそのお母さんは1人きりにならないように、ママ友を積極的に作るようにしたそうです。

お子さんのお稽古ごとで出会った人間関係を大事にして、積極的にコミュニケーションをしたり、児童館でママ友を作ったりと、子どもを通じて、自分の人脈を広げていきました。

何か悩んだら何人かの友人に相談できたので、ひとつの考えに凝り固まらないでよかったと話しをしていました。

他人からアドバイスをもらえることで自分を客観的にみることができるようです。

コーチングの効果も実はここにあります。コーチはパートナーの鏡になることで、本人は自分の状態を客観視できるようになるのです。たとえて言うと、寝癖があるかどうかは自分だけで分かるのは難しいですが、鏡をみれば自分がどういう髪型にしたらいいか、ということが分かるのです。他人の存在は鏡のようなものです。

一番身近な人はやはりお父さんですね。お父さんに子育てにかかわっていただくと、いろいろないい点があるようです。

お父さんが子育てにかかわることで、いろいろな違った視点で物事が見えるようです。私の友人で、子どもとかかわることは、仕事が忙しくて大変だけれども、最低でも月に1日は、「お母さんの日」と称して、お母さんに家事も子育ても一切しないでもらって、お父さんが子育ても家事もするという日を設けている人がいました。

結果的に、お父さんからみたら、家事の大切さや苦労も分かってお母さんに感謝する日も多くなったようです。

また、子育てをすることで、部下との関係性がよくなって仕事に役立ったということを言っていたお父さんもいました。

お母さんとしても、お父さんが手伝ってくれることに「ありがとう」と言う機会が多くなったそうです。

子育てのことでお母さんはお父さんに相談できるようになり、お父さんもお母さんの相談に乗る姿勢ができて、コミュニケーションも普段からしっかり取るようになったそうです。

子どもを通じて、お父さんとお母さんの仲もさらによくなってきたそうです。

さて、では、どのようにしたら、お父さんが喜んで、ときには積極的に協力してくれるようになるのでしょうか？

一般的に、協力してもらうには「パートナーシップ」を作るとうまくいきます。

パートナーシップとは、「パートナーとしてお互いにかかわること」です。

パートナーシップをきちんと作るには、お互いに「依頼と約束」をすることがとても大事です。

◆パートナーシップを効果的につくるための４つのポイント

①自分のことを相手に伝える
②相手の言葉をちゃんと聴く
③依頼と約束をする
④いつでも相談してもいい関係をはっきりさせる

たとえばこのような流れを作ります。

①自分のことを伝える

お母さん：「私、いつも家事ばっかりだと考え方が狭くなってしまうかな、と不安なの。それと毎日子どものことを24時間考えていると、ときどき重い感じになることがあるんだ。そうやって重い感じのまま子育てをすると、子どもに悪い影響がないかとふと不安に思うことがあるの」

②お父さんの話をしっかり聴く

お父さん：「そうだね、いつも不安にさせてごめんね。君が家事や子育てをしてくれているから、僕も安心して仕事ができて感謝しているよ」

③―1お母さんからお父さんへの依頼する

お母さん：「たとえば、毎月1日でも2日でもいいから、家事や子育てのことをまったく忘れて、ただ、ぼーっとしていたいことがあるの。そういう日を作りたいの。お父さんにとっては休みの日に大変かもしれないけど、子どもの面倒をみてくれないかしら？」

③―2依頼が自然な形で「約束」となる

お父さん：「いいよ、たまには羽を伸ばして遊んできなよ」

しかし、依頼をしても、依頼がちゃんと守られないことがあったり、あるいは約束したことがあやふやになったりすることがあります。そのときは、

お母さん：「そういえば、月に1回、家事や子育てを任せてもいいと言ってくれていたけど、あなたの予定に余裕があれば、急にお願いしてもいいかな？」

などと、④「いつでも相談していい」という約束を取りつけておくことが大事です。

特に、約束をしても時間がたつと忘れたり、お互いが考えていることが変わってくることがあります。

また、①自分のことを相手に伝える場合は「私メッセージ」で言うのが相手は聴きやすいです。

「私が忙しいのはあなたの稼ぎが悪いせいよ！」などと言ったら、ケンカになってしまうので、できれば相手が受け入れやすい言い方がいいでしょう。

あくまでも、自分を主語にせず、で相手を評価しないというスタンスが大事です。

パートナーシップのポイントは、会話をする機会を持つということでもあります。

また、お父さんに協力してもらうということは、自分の依頼を相手に受け入れてもらうので、その代わり今度は自分がこういうことをしてもいいよ、と言うと相手も依頼を引き受けやすいかもしれません。

お互いに困ったことがあったら協力する姿勢が大事なのです。

エクササイズ

パートナーシップの会話をお父さんとしてみましょう。

また「自分が伝えたいことは何か？」をリストアップしてみましょう。

その伝えたいことを、相手が受け取りやすい形にしてみて下さい。「私メッセージ」の伝え方を参考にしてみて下さい。

実際にお父さんと、パートナーシップをしっかりするための会話をしてみて下さい。

時間がたって約束したことを忘れたり、頼みごとが変わってきたら、何でも話せる関係性を明確にします。

「もし、約束を変えたいと思ったらいつでも言ってね」など、実際に時間がたって約束が守られていない場合は言ってください。

また、今までお互いの作ってきた関係性は大事なので、話しを持ちかけたのにうまくいかなかった、ということがあっても、何度も話しの内容を変えて、持ちかけてみるのも方法の1つです。

お父さんが喜んで育児に参加してくれるための大事なポイントは、「待つ」ことです。

Chapter 2

毎日が楽しくなる
ハッピー育児テクニック

「よく見て、よく聴く」と子どもが変わる

私は、企業の人材育成を手がける中から、「その人らしさを花開かせる」ヒントを見つけました。それは呆気にとられるくらい単純なのですが、ほとんどの人ができていないことです。

それは相手を「よく見る、よく聴く」ということです。

企業研修で講師役を務める際「大事なのは、相手をよく見ることですよ。相手の気持ちをよく聴くことですよ」と言うと、「そんなことはやっている」という答えが返ってきます。

同じく、育児中のお母さんに同じ質問をすると「子どものことはよく見てる」「よく話しを聴いている」という答えが返ってきます。

しかし、本当に「よく見て、よく聴く」ことができているのでしょうか？

街を歩いていると、子どもが話しかけていても、携帯メールから目を離さないお母さんやお父さんを見かけることがあります。また、リビングではテレビから目を離さず、ということはありませんか？

ビデオ教材やテレビを見せて、まるで子どもをテレビに預けているような状態を、ずいぶん見てきました。たしかに、忙しいときにテレビを見せるというのは便利な方法で、しばらくの間子どもは画面に釘づけになっています。かく言う私も利用者の１人でもありましたし、今でも使ってしまうことがあります。

仕事の仲間も、家族も、馴れてくると「一緒にいること」を意識しなくなってきます。

家族はよく、「空気のような存在」だと表現されたりもします。空気がなくては私たちは生きていけません。しかし空気の存在を当り前だと感じているので、意識することはまずありませんし、よく見ようとも、感じようともしていません。

空気をそのようにとらえると、家族、とくに子どもは空気のような存在ではないことが分かると思います。

子どもはいつもしっかりと見つめ、気持ちを聴いてあげることが大切だからです。

よく見られた子どもは、相手のこともよく観察をすることができます。子どもの観察眼はなかなか鋭いもので、あなたもハッとした経験があるのではないでしょうか？子どもには「今までこうだったからこうに違いない」という過去の偏見が少ないので、大人が気づかないことを教えてくれます。

そして、よく聴いてもらえた子どもは、幼いながらも豊かなコミュニケーションを取ることができます。

また、よく見て、聴いてもらえた子には、子どもならではの「どうして？」という素朴な疑問が生まれ、それを考えるための力も育っていきます。

疑問が出てくるから、新しいことを吸収しようとします。そもそも子どもは親に勉強しなさい、などと言われなくても、好奇心がわくことは勝手に勉強するのです。

私が子どものころは、熱帯魚の長たらしいカタカナの名前を見事に覚えて「熱帯魚の名前だけじゃなくて勉強もすればいいのに……」とよく言われたものです。

子どもの好奇心が湧かなくなってしまうのは、親が子どもの興味に関心を持てなくなってしまうことからはじまります。

日常の忙しさや、時間に追われる生活の中で、いちいち子どもの話は聴いていられないという意見があることも、もっともなことだと感じています。

子どものすべてをよく見て、よく聴くというのは、子育ての話をする上で現実的ではないと感じるかもしれません。

ただ、よく見てよく聴くためのコツはあります。

この章ではそのコツをご紹介します。「自分にもできそうだな」「これができたら楽しそうだな」と思える方法がありましたら、試してみて下さい。

あなたの態度に、子どもがどんな反応をするのかをぜひ楽しんでみてください！

ママだからできる「はじめて体験」を楽しもう！

親はいつから「親」になるのでしょうか？
そうです。子どもを授かったときから親になるんですね。親は子どもがいて初めて親になれます。

子どもは一人ひとり、みんな違います。子どもが１００人いれば、１００通りの子育てがあるのです。つまり、親は「育てる」新人で、子どもは「育てられる」ことの新人と言うことができるのです。

だから、親も子どもも「知らないこと、できないこと」だらけでいいのです。

学生時代のクラブ活動や、社会人としての経験を思い出してください。
誰にも「新人」であった時期があるはずです。できないことばかり、知らないことばかりでしたね。どんなことでもはじめての体験をこなしていくことは大変ですが、それゆえに新人の時代は人生を豊かにする素晴らしい経験ができるものです。

まず、経験がないわけですから、すべてが新鮮に映ります。「子どもがはじめて歩いた！」「しゃべった！」など、子育てにはとにかく新鮮な驚きと感動がつきものです。

また、できないという事実に対して謙虚であり、分からないがゆえに一生懸命取り組むことも自然とできるでしょう。

しかし、はじめての体験ゆえに戸惑い、クタクタになってしまうこともあると思います。

そんなときは、「そうか。この子も『育てられる』ことの新人なんだ。お互いうまくいかなくても当たり前。これでいいんだ」と思えばいいのです。

親子といえどもお互いに新人であり、助け合う存在だと思えば、相手に困惑することもありません。

そして何よりも「新しくできるようになること」の喜びが大きくなってきます。この、「新しく知る、新しくできる」ことこそ、育児の最大の喜びではないでしょうか。

「その子らしさをどうやって花開かせるのか?」「生きていてよかった、と心から思えるような気持ちになる人生を送って欲しい」、これはすべての親の願いだと思います。

できることが増えていくと、その願いが少しずつ叶っている実感が湧いてきます。

だから、子育てのはじめて体験を、思う存分楽しんでください。

今のままのあなたで大丈夫

あるとき、育児書を積極的に読んで、子育てを頑張っているお母さんがこんなことをおっしゃっていました。

「私、育児書に書かれているように子どもと接していないなー、はぁーダメだな私って……」

それを聞いて私は

「そんなことはないと思いますよ。仮にこれができていなくても、○○や△△などなど、こんなにできているじゃないですか」

と言いました。しかし、彼女は、

「いいえ。だってあれも、それも、これだってできていないんですよ」

と、終わりのない「できている」「できていない」問答をくり返すことになってしま

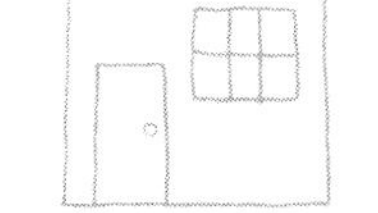

いました。

ここには2つの思い込みが見られるように思います。

1つは「欠点を直していいお母さんになろう」という思い込みです。

子どものころ、成績表で先生や親から注目されたのは、不得意科目の成績だったのではないでしょうか？

私にも経験がありますが、どういうわけか、いい成績の科目を誰もほめてくれません。苦手な算数や国語の成績ばかり指摘され、「不得意科目の克服」を目標とした取り組みなどが、担任教師からの申し送り事項として成績表には記載されていたりします。

不得意科目を克服できるように勉強する、そして克服する、でもきっとその科目は好きにならなかったのではありませんか？　少なくとも私は好きになりませんでした。そして楽しかった得意科目までつまらなくなってしまいました。

おそらく、育児に関しても、できていないことに注目するのは、お母さんの他のよい面を隠してしまうことにもつながってしまうのではないかと思います。

もう1つは「他のおかあさんはできている」という平均的母親像に対する思い込みです。

「あのお母さんは、あれもこれもできていて、そのお母さんはこんなこともあんなこともできる」

ここで言われている「できるお母さん」は、何人かのお母さんの「いいところ」だけを併せた仮想の「平均母親」であり、平均であるばかりか理想にさえ近くなっています。

存在しない理想的な「平均的母親」と比べて自分が劣っていると思い込むのは、ちょっと変ですね。しかも、この状態になってしまうお母さんは、勉強熱心で教育への関心が高い方によく見られるように思います。

ここで、あなたが子どもだったころの、ご自分のご両親について思い出してみて下さい。

あなたのご両親は完璧で理想的でしたか？　もちろん、そんなご両親をお持ちの方もいらっしゃると思います。

しかし、たとえば私の両親は決して理想的ではありませんでしたし、大多数の方々は自分の両親の「親として」の問題点を、ある程度あげることができると思います。そうなのです。**完璧な、理想的な親なんて、そうはいないのです。**

もう少し言うならば、親も子どもと一緒に育って行くのですから、だんだん成長する、だんだんできるようになっていくものなのです。

「今は」できなくてもいいのです。

子どもも親も「今は」できなくてもいい。最初から完璧な親子なんているわけがないのです。これからできるようになる、きっとできるようになる、ということを強く信じておきましょう。

不安がいっぱいの子育てでいいのです

育児書や、インターネット情報として溢れる育児マニュアル通りに反応してくれる子どもは、そうそういるわけではありません。

育児書に頼って楽になるのであれば、それもまたよいでしょう。

しかし、**頼りすぎるデメリットもあります。書いてある通りにいかないと、どんなことでも不安になってくるのです。**

たとえば、「こうすれば数分で泣きやむでしょう」と書かれているのに、1時間を過ぎてもなぜか泣きやまない。このようなときは、子育てに慣れていないと本当に不安になってしまいますね。

育児書に書かれていることは、子どものふる舞いの、あくまで平均値なのです。そこから少しくらいはみ出したところで、何か問題があるわけではありません。

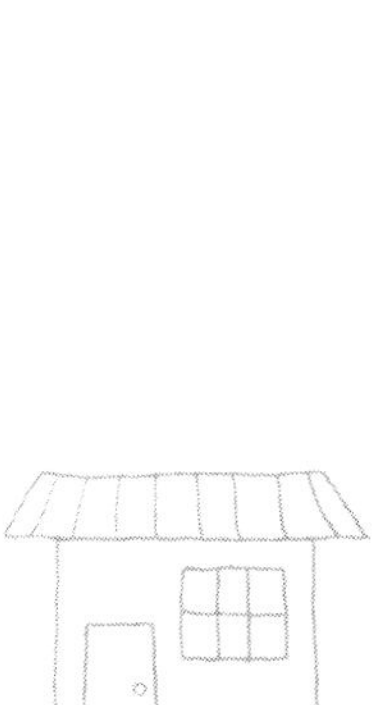

子育てに慣れてくると、育児書の活用も上手になってくるものです。

こんな偉そうなことを言いつつ、私も長女が生まれたときには育児書を読みながら、新米パパを頑張っていました。

私にとって最も印象に残っている恐怖の（笑）育児経験をお話ししましょう。

長女がまだ0歳のころ、家内が買い物に出かけることになりました。

娘は母乳ですくすくと育っていたのですが、母親不在のときは仕方がないので、ミルクを飲ませることになります。

普段から母乳の補助としてミルクを使っていましたが、娘はあまり好きではないようでした。しかし、こんなときは仕方ありません。

「あー、あーん、あーん！」

パチリと目を開いた長女は泣きはじめました。

私は急いで、熱湯消毒した哺乳瓶に熱湯を入れます。

洗面器に氷水を用意して50度まで下げたら粉ミルクを計量スプーンですり切り1杯、よくかき混ぜ溶かしながら40度前後まで下げました。

自分の口で温度を確かめ、泣き続けている長女の口元へガーゼとともに近づけます。

ところが、飲まないのです。

「ほら、ミルクだよー」

「うわぁーん！　うわぁーん！」

温度が高いのかな、と思い、35度まで下げてみました。

「ほら、おいしいよー」

「うっぷ。うわぁーん！　うわぁーん！」

うーん……。計量間違えたのかな……？

「ちょっとまっててねー。今すぐ作るからねー」

「うわぁーん！　うわぁーん！」

予備の熱湯消毒した哺乳瓶に熱湯を入れ、もう一度洗面器に氷水を用意して50度まで下げたら細心の注意を払って粉ミルクを計量スプーンですり切ります。

よくかき混ぜ溶かしながら40度前後まで下げて、自分の口で温度を確かめ、泣き続けている長女の口元へガーゼとともに近づけます。


「うっぷ。うわぁーん！　うわぁーん！」

あれ？　何で飲まないんだ？

「ほらぁ、ミルクだよー。ちゃんとマニュアル通り作ったよー」

「うわぁーん！　うわぁーん！」

「あ、これはひょっとしてミルクじゃなくってオムツか？」と思い調べてみるも、まったく汚れていません。


「うわぁーん！　うわぁーん！」

ひょっとして、もう少し熱いのがいいのかな？　母乳の温度は身体の深部体温に近いのかもしれない。そうか、そうだったか。

「ちょっとまっててねー。今すぐ作るからねー」

「うわぁーん！　うわぁーん！」

長女の顔は、泣いて泣いて、赤黒くなってきています。

急いで湯を沸かし、使った哺乳瓶を洗浄し、沸いた湯で消毒したあと熱湯を注ぎます。

もう一度洗面器に氷水を用意して50度まで下げたら細心の注意を払って粉ミルクを計量スプーンですり切り1杯、よくかき混ぜ溶かしながら40度前後まで下げました。

自分の口でさっきよりも少し高い温度を確かめ、泣き続けている長女の口元へガーゼとともに近づけます。

「ほら、ミルクだよー。今度はアツアツだよー」

「うっぷっ。うぎゃー！　うわぁーん！　うわぁーん！」

「何で？　何でだ？　何で飲まないんだ?…?…?…?　考えられることは全部やったのに！」

お腹が減ってますます激しく泣き叫ぶ娘を抱え、全身から吹き出る汗と無力感にさいなまれながら、文字通り途方に暮れていました。

一生懸命マニュアル通りに作ったのに飲んでくれない赤ちゃんに怒りを感じたり、「このまま飲まなかったら死んじゃうんじゃないだろうか」という恐怖に怯えたり、「もう育児なんてムリ！」と逃げ出したい衝動に駆られたり。しかし、その間も長女は一層声を張り上げて泣き叫びます。

そうして1時間も泣き声を聞き続け気が変になりそうになったころ、「ただいまー」と、妻が帰ってきました。

「おぉぉぉ！　お帰り！」

「どうしたの？　こんなに泣いて」

「いや、実は一生懸命マニュアル通りにミルクを作ったんだけど、まったく……」

「おーよしよし」

と、妻は僕から長女を取り上げ、おっぱいを吸わせると長女はピタリと泣きやみ、ごくごく母乳を飲みました。

そして一しきり吸い終わると、そのまま眠ってしまいました。

「はい。じゃあ、ゲップ出させてあげて」

と娘を渡され、私は左肩に娘の顎を乗せて背中をポンポンと叩きます。

「ぐぇーっぷ」

僕の肩口には、長女が勢いよく飲んだせいで大きなゲップとともに出た母乳の吐瀉《としゃ》物（いわゆるヒトクチゲロ）が。

「一体、あの努力は何だったんだ……？」

と、口の周りをお湯で湿らせたガーゼで拭き取りながら、恨めしく長女の顔を見つめますが、天使の微笑みを浮かべて眠る姿に、子育ての難しさと面白さを改めて思いました。


今この本を読んでいるお母さんは、この新米お父さんの姿に笑ってしまうことでしょう。そうなのです。あとから見れば笑えるようなこと、大したことではないことも、やっている本人から見れば一大事なんですね。

この経験で私は、子育ては育児書の通りには進まないんだなと、肌で感じることになりました。

1日3分、子どもの顔を見つめる

子どもはかわいいけれど、疲れているときに「遊んでくれ」と言ってきたりすると、「少し静かにしてほしい……」と心の底から思ってしまいますね。

そんな風に子育てに疲れてしまったときは、**「ありがとうという気持ちで子どもの顔を見る時間」を1日3分間必ず持つ**ことをおすすめします。

家事を手際よく、テキパキとこなすことを求められてしまう専業主婦の方。また家事以外にも、勤めている会社から、効率のよい仕事を期待されている方。

さまざまなライフスタイルがありますが、育児は効率よくいかないと感じることが多いのではないでしょうか。

出勤前の朝、どこの家庭でも慌ただしい時間ですが、大事な会議がある日に限って子どもがなかなか起きてこない、グズる、家事の邪魔をする、などという経験は育児中のお母さんのイライラを増大させます。

そんな子どもたちのメッセージは「よく見てよく聴いて欲しい」ということだと思います。これはやっているようで一番難しいのです。どれだけ見ればいいのか、どれだけ聴けばいいのかは、その子どもによってさまざまであり、基準があるわけではありません。何分やればいい、というものでもなく、その子のおかれている状況などでも変わります。昨日はよくても今日は不十分ということだってあります。

「ありがとうという気持ちで子どもの顔を見る」、と書いたのにはわけがあります。1つは見る理由を作ることであり、もう1つは子どもの気持ちに寄り添うためです。

見る理由を作る、と書かれると、ちょっと意外な気がするかもしれません。

私たちは効率重視、効率中心の社会で生きていると言えます。だから一見ムダに思えることは、ほとんどやらなくなっていますし、ムダなことをしないで済むように生活しています。

私たち大人にとってムダに思えることというのは、「理由をはっきり説明できないこと」というふうに言い換えてもいいでしょう。

たとえば、よく見る、よく聴くということが、子どもへの愛情表現の一部であることはなんとなく感じてはいても、そうする理由ははっきり分からない。はっきり説明ができないので、忙しいとつい「やらなくてもいっか」になってしまう。

私たちが、子どもをよく見て、子どもの声をよく聴いて、といってもなかなか実行できないのは、そうすることの理由を「自分にも」うまく説明ができないからではないか？　という気がします。

そこで、自分の子どもとして生まれてきてくれたこと、出産という難関を乗り越えた誕生の日の喜びを思い出し、この事実に感謝することを「見つめる理由」にしてみてはいかがでしょう。

出産直前、誰もが祈るような気持ちで、あるいは普段は祈りにほど遠い生き方をしている人でも、このときばかりは無事出生することをひたすら祈ったのではないでしょうか？　誕生は、きっと今でも忘れられない感動的な瞬間だったはずです。それから数年の月日が流れ、今はこんなに大きくなっている、それを思うだけでも、わが子の成長を陰に日向に支えてくれた人達の顔が浮かびませんか？

お世話になった人たちへの「ありがとう」と、その感謝の気持ちを持たせてくれたわが子への「ありがとう」を深くする、あなたの24時間のうち、たった3分間だけでもいいので、そんな時間に使ってみてはいかがでしょう？

もう1つの理由、「子どもの気持ちに寄り添う」ということですが、「子どもの本当の声を聴く」と言ってもいいのかもしれません。ある幼稚園を取材した際、先生からこんなエピソードを教えてもらいました。

「あるお母さまに運動会の実行委員をお願いし、遅くまでお手伝いいただいておりました。そのお母さまも、実行委員会のお仕事にやりがいを見出されたようで、ご自分から運営に対する意見やアイデアを積極的に出すようになり、ご自身で実施されるお仕事も次第に増えていったのです。同じころ、そのお母さまはお勤めもはじめられ、充実した日々が表情に現れてはつらつと輝いていました。

しかし、待ちに待った運動会当日、突然お子さんが激しく泣きだしたのです。そして、運動会が終わるまで泣いて泣いてダダをこねて、まったくお母さまの傍を離れないのです。

その日を境にお子さんは、幼稚園に送り届ける母親が「今日は勤めに行かない」ことを約束するまで、離れられなくなってしまったのです。

運動会の日まで、傍目にはお子さんに目立った変化はなかったのですが、どうやらお子さんはお母さまに実行委員やお勤めの仕事をして欲しくなかったようなのです。おそらく、母親が自分から離れてしまう、自分以外のことに関心が遷ってしまう、そんな不安が小さな胸を押しつぶしていたのではないでしょうか」

このエピソードから、子どもは口に出せない言葉を聴いて欲しいと思っている、親が聴こうとしない限り決して聴くことのできない言葉を心に持っているのだ、ということを痛感します。

ここでお伝えしたいのは、子どもよりも自分のやりがいに関心があることについての非難ではありません。親とはいえ、自分のやりがいに関心が向くのは当然のことであり、その姿が、親を見て育つ子どもの重要な手本となることは異論のないところです。

子どものあげる声に無関心な親はいないでしょうし、発せられた言葉であればその意味も真剣にくみ取る努力をするでしょう。

しかし、表面に出てこない声、これは言葉にならない感情ですから、理屈の上では分かりません。でも、子どもの気持ちになってみること、つまり、相手の立場に立ってみることで、ある程度の想像ができるようになります。「今、この子は、こんな気持ちなんじゃないかな?」「本当はこうしたいんじゃないのかな?」こんな風に思うには、子どもの目の高さまでしゃがんで、子どもの顔を見て気持ちに寄り添ってみる、そんな時間が必要だと考えます。

24時間のうち、たったの3分（3分も時間がない！　とおっしゃるお母さんは、せめて1分間）子どもの顔を「ありがとう」という感謝の気持ちで眺めてみて下さい。小学生、中学生くらいまでならまだまだ「生まれてきてくれてありがとう」の眼差しを送ることはそれほど難しくないと思います。

この3分を捻出する方法、「どうしても忙しくてそんな時間が持てません！」とおっしゃるお母さまに私がおすすめするのは、**食事の時間のテレビのスイッチを切ることです。**

これだけでかなりの時間をテレビから取り戻すことができます。

どうですか？　これならすぐにできそうではありませんか？

明日の朝食からはじめてみませんか？

毎日はできないかもしれません。たとえば、休日など時間の余裕のあるときに思い出してみて下さい。なかなかできなくてもあまり気にしないで下さいね。完璧である必要はありませんから、ゆっくり少しずつはじめましょう。

「ありがとう」を気持ちの受け皿に

就学前くらいまでの子育て経験のある方は、子どもに「ありがとう、と言う」ことを教えた覚えがあると思います。

私もそうでしたが、自分の子どもが誰かに何かしてもらったとき、「ありがとうは？」と促しました。まだこのころの子どもの心に「ありがとう」という気持ちは、ハッキリとした形を取っていないかもしれません。

「うれしい」という自分に向けた気持ちが強くなってくると、外に溢れ出してきて他人に対する「ありがとう」という感謝の気持ちになってくる。溢れてきた気持ちの受け皿が、「ありがとう」という言葉なんだよ、と教えてることなのかもしれませんね。

そしていつか「ありがとう」の気持ちが本当に湧き上がってきて、「ああ、これが『ありがとう』の意味なんだ」と分かるときが来るのを待ちます。

目も耳も不自由で口をきくこともできなかったヘレン・ケラーを描いた「奇跡の人」の中に、アニー・サリバン先生が掌に書く「water」という綴りが「水」の名前であると気づくシーンがあります。意味と言葉が結びつくこの瞬間は感動的なクライマックスとして有名ですね。

モノの名前と意味ほど単純ではありませんが、「ありがとう」という感謝の気持ちと言葉が一体になる瞬間はいつか訪れるのです。

劇的に訪れるか、ゆっくりと湧き上がるかの違いはあっても、ヘレン・ケラーと同様に、子どもの中にある新しいことと出会った気づきである感情に、感謝の言葉「ありがとう」が結びつくわけですね。

正直に申し上げると、私にこのことを気がつかせたのは娘たちの言葉でした。あるとき、長女と次女がおもちゃの取り合いでケンカをしていました。

次女:「あたしが先!」

長女:「あたしのだから、あたしが先!」

私は2人がそのケンカをどうやって納めて行くのかを観察していました。

すると、長女が半ばあきらめたような表情で、
長女：「じゃあ、先に使っていいよ」

次女：「ありがと」

次女は手に入れたうれしさでおもちゃに夢中でした。

「ありがと」とは口にしましたが、長女の顔を見ることもなく、傍目にもおざなりな感じを受けます。

すると、突然長女が、
長女：「もう！　いっつもそうやってジブンばっかり！」
と、次女の頭をひっぱたいたのです。
次女：「うわーん！　おねーちゃんがたたいたー」

この2人のやりとりを見ていて、「ありがとう」という言葉は教えることができたけれど、「ありがとう」という気持ちは教えることができていないんだな、というこ

とを痛感しました。

長女が心から妹にゆずってあげたいと思うようになるにも、次女が手に入れた喜びを超えて姉の心配りをうれしく思うようになるにも、2人の心の変化をゆっくりと待たなければなりません。

姉はおもちゃへの執着を手放せるまであきらめてはいけないでしょうし、妹は姉の心配りで満たされるまでありがとうを言ってはいけないのかもしれません。

娘たちのこの行動に、親が深くかかわっていたことに気づかされました。

無自覚ではありましたが、きっと「早い問題解決」を強いていたのです。言葉に出さなくても「さっさとゆずるのは年長者」「年少者は感謝する」という効率的な行動に対して好意的な反応をしていたのです。

子どもたちの心の変化を、父親である私がゆっくりと待っていない、これが先程の姉妹ゲンカの遠因だったのです。

「ありがとう」と、先ずは言ってみてください。

そして、ありがとう、という言葉を使うとき、少しだけ待ってみて下さい。自分の心がうれしさで満たされて、そこから溢れ出る気持ちが相手に向かっているかを感じられたら、その気持ちを「ありがとう」という言葉に乗せてみましょう。

毎回は難しいかもしれません。完璧にできなくてもいいんです。思い出したときにやってみましょう。

ありがとうの気持ちは、他人に対してだけではなくて、まずは自分に対しての感謝の気持ちなのかもしれませんね。

もちろん、自立が大事であることは認められます。しかし、度が過ぎると、何が何でも自分１人でやりたがる孤独な人になってしまいます。人に関心を持てず、１人で抱え込みすぎて、八方ふさがりになることも。

職場の中では、最近よく見られる状況ですが、家庭内が、もしこのような状態になっていたら……。この過度な自立への欲求がそれまでの家族を繋ぎ止めていた絆を壊してしまったのではないでしょうか。この絆こそ「相互依存」なのです。


人との依存関係がうまくいくには、お互いの心の中に、なにかホッとするような安心感が必要です。

では、その安心感はどのように作られて行くのでしょう。それには相手に対する心配りがなされることが必要です。心配りがなされていると安心できる雰囲気が生まれるのです。

感謝の気持ちを感じて伝えることは、その大事な方法だったのです。実際に相互依存ができる家族というのは非常に暖かく、深い絆を保てる人間関係がそこに現れるのです。

「自立！　自立！」という声が響き、家庭でさえ、相互依存を生み出す安心は、効率という経済的な観念に取って代わられています。安心を作る感謝の言葉はいつしか家族の口にのぼらなくなった、そんな家庭像が「チーム能力発揮を妨げてしまう人」を作り出しているのではないのでしょうか？


賢明なパパさん読者の方はもうお気づきかもしれませんね。

「チーム能力発揮を妨げてしまう人」には、安心できる環境を作り、依存を認め自立とバランスさせることが変化を促すことになるわけです。

ママに育児を任せきりにしているのはもったいないですよ！

安心できる相互依存の人間関係を、「ありがとう」という感謝の言葉で作り上げる練習ができるのです。マネジメント能力研修の最も素晴らしい研修会場は家庭であり、最高の先生は自分の子どもかもしれません。

パパも一緒に子育てコラム
～依存と自立と感謝の意外な関係～

企業の組織コンサルティングをしていると、どういうわけかチームの全体能力の発揮を妨げてしまう人を見かけることがあります。

他のメンバーから見れば、人のやる気を奪ってしまうこの人と一緒に一生懸命やるのがなんだか馬鹿馬鹿しく感じられる。

本人は、だんだんチームのメンバーから浮いた存在になり、「一生懸命やっているのに周りは自分を理解してくれない」と思い込み、人間関係がぎくしゃくしはじめます。

やがてそのチームはバラバラになって崩壊してしまうか、その人が組織から去る（追い出される）か、というまことに味気ない結末に。

個人にも組織にも、どちらにも課題はあるのですが、「チームの全体能力の発揮を妨げがちな人」の特徴としては「人に対する感謝」が感じられない、という共通点が、コンサルティング経験上浮かび上がってきました。そして彼等の話を聴くと、まず親に感謝していないことが多いのです。

どうやらここに、私たちの信じている価値観の、意外な落とし穴があるようです。
「自立」と「依存」という言葉を聞いて、どんなイメージを持たれるでしょうか？

「もっと自立（自律）しよう！」という掛け声は、先ず外国からのメッセージとして、次いで企業からのメッセージとして家庭にまで入り込んできた、１つの価値基準です。この「自立（自律）」という掛け声は、非常に強い説得力を持っていました。自立(自律)は、物事を達成できる能力が高く効率がいい、という特徴があります。これを否定的に捉える方が難しいでしょう。

一方、依存は強く働くと、自分が何を考えているかがはっきりしなくなり、人に頼る傾向が強まるので、ますます自立の評価は高まります。
「依存」というだけでマイナスイメージが湧いてくる方も多いのではないでしょうか。

Chapter 3

ゆっくり子育てが
子どもの自信を育てる

この章は、実際にある幼稚園の先生から伺った実話に、若干の脚色をして、多少分かりやすいように説明を加えました。しかし、すべて実際に起きたことです。ぜひ、これら3つのエピソードからあなたの子育ての参考になるエッセンスをくみ取っていただきたいと思います。

◆ケース1：心の扉を開かせるコーチング

私たち大人は「すぐに答えを出す」ということを自分のみならず他人にも、そして子どもにまでも知らないうちに求めています。

スピードが一番大切なことではない、ということは頭では理解できてもなかなか行動で示すことは難しいものです。

「待つ」ということの重要さを教えてくれるお話を、ある幼稚園の取材で聴くことができました。

さて、どのくらい先生は待ったのでしょうか？

友梨先生が年少組の担任になったのは、教員になって3年目でした。

その年の入園式の翌日、子どもたちにとっての実質的な登園初日。玄関でお母さんに見送られた翔太君は担任の先生と一緒に仲間の待つ教室へ入りました。年少組は2人担任制なので、もう1人の先生が教室の中で待ちます。

「おはよう翔太くん」

「……」

翔太君は先生とも、ほかの園児とも目を合わせることなく教室の隅へ行き、カバンを放り出すと仰向けになって天井を見つめていました。

「翔太くん、みんなでわらべ歌をうたうよー。おいでよー」

「……」

翌日も、その翌日も、ずっと翔太君は誰ともかかわりを持とうとせず、先生ともクラスの仲間とも口をきこうとしませんでした。

毎日お母さんが手をつないで幼稚園に連れてきて、お母さんを見送ったあと、教室に入るのですが、みんなの「おはよう！」「おはよう！　翔太くん」という声に全く反応を示さないまま、1人部屋の隅っこに行ってカバンを放り出し、ゴロンと仰向けになって天井を見つめているのです。

先生たちはこの翔太君のことについて話し合いを持ち、2担任のうち友梨先生が翔太君を担当することになりました。

次の日、翔太君はいつものようにお母さんを見送ると、いつものようにみんなの「おはよう！」に答えることなく部屋の隅へ行き、カバンを放り投げゴロンと仰向けになって天井を見つめています。

「翔太君、おはよう」

「……」

友梨先生は翔太君の横にならんで寝ころんで声をかけてみました。でもやっぱり返事はありません。友梨先生は一緒に天井を見つめています。

しばらくすると、翔太君はその場を離れて園庭に出て、土をいじくりはじめました。友梨先生も一緒に園庭へ出て土をいじくりはじめました。

翔太君は泥ダンゴを作りはじめました。友梨先生も一緒に泥ダンゴを作っています。翔太君は表情も変えず一言も発しないまま泥ダンゴを作り続けています。他のみんなは子どもの日のために「こいのぼり」「かぶとかざり」を作っているのですが……。

梅雨になり毎日雨が降り続きます。翔太君は今日もお母さんを見送ると、あいかわらず部屋の隅へ行き、いつものようにカバンを放り投げゴロンと仰向けになって天井を見つめています。

そして友梨先生がとなりで寝ころんで「翔太君、おはよう」「……」のあと、園庭に出て泥ダンゴ作りがはじまります。雨が降っても泥ダンゴ作りは友梨先生の差しかざす傘の下で続きます。他のみんなは七夕祭りの短冊を作っているのですが……。

夏休みが終わり、秋の運動会も間近。みんな運動会の練習に夢中になっていますが、翔太君はやはりカバンを放り投げゴロンと仰向けになって天井を見つめます。

そして友梨先生がとなりで仰向けに寝ころんで「翔太君、おはよう。」「……」のあと、園庭に出て泥ダンゴ作りがはじまります。だんだん水も冷たくなってきました。教室では他のみんなは運動会で歌う歌を練習しているのですが……

クリスマス会はみんなが楽しみにしている行事です。サンタさんが幼稚園に来て一人ひとりプレゼントを渡してくれるからです。でもやっぱり翔太君は表情も変えず一言も発しないまま、園庭で友梨先生と2人で泥ダンゴを作り続けています。プレゼントを渡せなかったサンタさんは残念そうな顔で翔太君を遠くから見ています。

春、桜の花びらが舞う4月、新しい仲間も増えて翔太君も年中組になりました。翔太君は友梨先生に久しぶりに会いました。

「翔太君、おはよう」

「……カーブ」「……シンカー」

どうやら野球のピッチャーが投げる球種を言っているようです。友梨先生も偶然野球が好きでしたので、

「ストレートは？」「フォークは？」

と、続けます。

友梨先生はやっと言葉を発した翔太君の心の窓に外の風を送ろうと懸命です。


この日から泥ダンゴではなく紙を丸めたボールでの野球ごっこが翔太君の遊びになります。「カーブ」「フォーク」などの球種と、好きな選手名を口にするようになりました。でもやっぱり仲間と話すこともなく、みんなが集まっているところには寄りつきません。

春の日差しに桜は散って、セミの鳴く暑い夏も終わり、色づく木の葉に秋は深まり、木枯らしの吹く寒い冬が来ても翔太君と友梨先生の野球ごっこは２人だけの遊びです。

去年と同じように、また1年が過ぎようとしていました。

そして再び春が訪れ、年長組の子どもたちとのお別れの季節。

在園児による「卒園生を送る会」が行われることになり、毎日仲間たちは張り切って歌の練習に励んでいます。でも、翔太君は相変わらず教室の片隅で「野球ごっこ」を友梨先生と続けています。

送別会当日、友梨先生は広い集会室の片隅で翔太君との「野球ごっこ」に備えて紙のボールを持っていきました。年中組の仲間が会場に入ってきます。部屋で残っているであろう翔太君を迎えに教室に行くと、翔太君の姿はありません。泥ダンゴかな？と思い園庭を見回しても、やはり翔太君の姿は見えません。

まさかとは思いながらも送別会を行う集会室をのぞいてみると、なんと翔太君がみんなと一緒にいるではありませんか。友梨先生にはこの事態が飲み込めませんでした。

ピアノ伴奏による卒園生を送る歌の前奏が流れはじめます。

すると、突然翔太君が立ち上がりました。
指揮者のようにピアノ前奏に合わせ、みんなの前で手足を振っています。

そして歌がはじまると、誰よりも大きな声で元気よく翔太君が歌いはじめました。その全身での指揮と大きな声に促されるように、クラスメイトたちも、翔太君を見ながら今までで一番大きな声で歌っています。翔太君はみんなを見ながら、それまで見せたことのない顔で笑っています。

友梨先生は「どうやってこの歌を覚えたのだろう？」と涙でぼうっと霞む視界に翔太君の姿を捉えながら、この2年間の毎日を思い出しながら不思議に感じていました。そして、この日を境に翔太君はクラスの仲間と一緒に遊ぶようになりました。

友梨先生にこのケースをふり返ってもらいました。

「私が子どもたちをどうこうできるわけではないと思っています。私たち大人にできるのは子どもたちの心の声を聴いて心に寄り添うことだけです。翔太君の場合、幼稚園の教員もそうですが、ご両親も一緒に心の声を聴いて寄り添っていてくれたことがよかったと思います。寄り添って、待っていてくれたからこんな素晴らしい体験ができたのだと思っています」

友梨先生の言う「心の声を聴く」「心に寄り添う」というのは「よく聴く」「よく見る」の結果としてできるようになるのです。いわゆるコーチング技術の基本でもあります。「次に喋ることを考えながら」聴いたり見たりしても、決して心の声は聞こえてきません。

この子は何を伝えようとしているのか？　そのステキなメッセージを探してみて下さい。みなさんもきっと友梨先生のように素晴らしい子どものメッセージを聴くことができますよ。

◆ケース２：素晴らしい能力が発揮されるとき

子どもの能力は大人が予測するよりもはるかに優れていて、ときには大人でもできない大きなことを達成してしまいます。何より素晴らしいと思うのは一度や二度失敗したからといって簡単にはあきらめないことです。

ある新しい発見をしたときのことを覚えていますか？　なかなか解けずに苦しんでいた難問が、何かのきっかけでふっと解けたときのあの喜びの瞬間のこと。

それまでのどんなに楽しかったことも、比べものにならないぐらい価値があるように思える瞬間が、誰にでも何度かあるはずです。

次の話は、知識も情報もない中から、園児たちが木から紙を作ったというお話です。

治男くんはどこからか、「木から紙が作られる」という話を聞いてきました。

紙がもともとは木だったなんて治男くんには不思議でなりません。あるとき、よく一緒に遊ぶ直幸くんに話しをしました。

「ねえねえ、直幸くん、知ってる？　紙って木からできるらしいぜ！」

すごいことを直幸くんに披露するように治男くんは言いました。

「へー、そうなんだ、すごいね。知らなかった。じゃ、今度紙を作ってみようよ」

と直幸くんは何気なく言いました。

「いいねー」

治男くんの言ったことを直幸くんはおもしろがり、すぐに、実行しようと盛り上がりました。それがすべてのはじまりです。

紙を作ろうと言ってみたものの、治男くんも直幸くんもいったいどうやって具体的に紙を作っていいのかがまったく分かりません。

その始終を見ていた珠子先生は、「あたしならインターネットで調べるかなー」などと思いながらも、治男くんと直幸くんの会話に、ただ耳を傾けていました。

やがて、治男くんと直幸くんは、珠子先生のところにやってきて言いました。

「珠子先生、ぼくたち紙を作りたいんだけど……」

「だけど？」

「だけど、どうやって作ったらいいか分からないんだ！」

「そうね。どうやったらできるんだろうね？」

と、珠子先生は、治男くんに逆に尋ねてみました。

「うーん、分からない」

治男くんと直幸くんは答えました。珠子先生は、治男くんと直幸くんの言ったことをただ聞いていました。

しばらくしてから直幸くんが言いました。

「じゃ、今は分かんないから、砂遊びしに行こうよ、治男くん」

「うん、いいよ」

と、２人の興味は砂遊びにうつったようです。

珠子先生は、治男くんと直幸くんが砂場に走っていくのを見守りました。

それから３日後、治男くんと直幸くんはまた２人で何かを話しています。あれこれ話したあとに2人は珠子先生のところへやって来て言いました。

「珠子先生、紙をどうやって作るのか、年長組の亮くんに聞いてみようと思うんだ」

と直幸くんが言いました。

「それはいい考えね。じゃあ、亮くんに聞いてみようか？」

珠子先生にそう言われ、治男くんと直幸くんはひとつ解決策を得たからか、元気に亮くんのところに相談に行きました。

しばらくして、ふたりは満面の笑みを浮かべながら帰ってきました。

「珠子先生、分かった！　木の皮を使って紙を作ればいいんだ！」

と亮くんにアドバイスされたことを言いました。

「木の皮ね……それで、木の皮をどうするの？」

「うーんとね。うーんと、木の皮をのりではりつければいいと思う」

「そうなんだ。じゃあ、試してみる？」

「うん」

と治男くんと直幸くん。

しばらくして、治男くんと直幸くんは裏の公園に行き、木の皮を持ってきました。

それをのりで張って一枚の紙にしようとしました。しかし、パリパリになってしまってうまくいきません。

「あれー、おかしいな、うまくいかない。木の皮がパリパリになってうまく紙にならないんだ。失敗だ！」

と直幸くん。

「そう、残念ね。じゃあ、次、どうしようか？」

と珠子先生が尋ねると、

「今度は、年長組の勝《まさる》くんに聞いてみる」

と治男くんが答えました。

そんなこんなで、治男くんと直幸くんは、いろいろな方法を試しました。木の皮を煮てみたり、20、30種類もの草から紙を作ろうとしたり、とにかくいろいろな方法を試しました。

上級生に聞いてみた方法が失敗だったら、他の上級生に聞いてみて他の方法を試してみる。いろいろな人に聞いた、すべての方法を治男くんと直幸くんは試しました。

ところが残念なことに、どれも失敗に終わりました。

しかし、治男くんと直幸くんはあきらめずに続けました。

やがて、ある上級生に「紙を作っている人に聞けばいいんじゃない？」と言われて、電話帳で調べた和紙職人に手紙を書いて「教えに来てください」と頼みました。

和紙職人からの返事には、「残念ながら園には行けない」とありましたが、紙の作り方を書いてくれていました。

紙を作るには楮《こうぞ》という木の繊維が一番適していること。また魔法ののりを使って作ればいいと言って、「とろろあおい」というのりを送ってくださいました。

この手紙を珠子先生が読み終わったあとに、治男くんと直幸くんは、「楮《こうぞ》は、裏の公園にある！」と喜んで叫びました。普段から、子どもたちは、植物図鑑で樹木の名前は詳しくなっていたので、裏の公園にある樹木や草木の名前はすぐに親に説明できるぐらい詳しくなっていました。

2人は元気に裏の公園へ走って行きました。

こうして、子どもたちの紙はできました。子どもたちが、紙を作るまでに、2カ月もの時間がかかりました。まるで、長い旅をしていたようです。

治男くんと直幸くんは、紙の作り方の方法も知識も知らないまま、自分たちの力で、紙作りを何もないところからやり遂げました。もちろん、多くの人の力を借りました。先生や多くの年長組の人や、和紙職人、楮《こうぞ》を植えてくれた人。多くの直接的にあるいは間接的に関わってくれた人たちの応援によって紙はできました。

治男くんと直幸くんは、きっと、これから、分からないことや知らないことに出会っても、自分たちでいろいろ試しながら、失敗しながら、元気にやり遂げるでしょう。2人は紙を作ったこととともに、何事にも変えられない貴重な体験を手に入れたことと思います。

このエピソードを幼稚園の先生に聞いてから、「子どもだから能力はまだ未熟」などという言葉は言えなくなりました。

大人でも、まったく方法も分からなく知識もない中から、失敗を重ねて、これだけのことを達成できるか？　というと、少なくとも私にはそんな自信はありません。

大人になってしまってからは、2、3度失敗したら「もう駄目だ」とか「これは自分には向いていない」などといろいろな言い訳をしてできなくしています。

しかし、この子どもたちのエピソードは、私たち大人が失っているかもしれないような「何でもできる力」が人にはある、ということを証明してくれました。

子どもたちのこの話から私は、勇気を得られた出来事だったのではないかと思います。

自分からいろいろなことを成し遂げる能力は、子どもも大人も等しく誰にでも、もともと備わっているのではないでしょうか。

ぜひ、子どもが自分の力で解決できると信じてください。

◆ケース3：人を思いやる心が育つ話し合い

人生に起きることは、ときには喜ばしいこともあれば、悲しい出来事もあります。喜びもあれば、悲しみもある。喜怒哀楽という言葉があるとおり、すべてそろって感情と言えます。

陽子ちゃんは、誰もがあこがれるほどの美人でした。背も高く聡明で、明るくて活発ないいい子でした。素直ですぐに誰とでもうちとけて、すぐに友達を作ってくる。誰もが自分の娘に持ちたいよい子、それが陽子ちゃんのイメージでした。

さて、その陽子ちゃんは、ご両親の都合で、年中組に転入してきたばかりです。誰とでも仲良くなる陽子ちゃんは、同じクラスの紀代美ちゃんが友だちと楽しく遊んでいるのを見て言いました。

「一緒に遊ぼう」

そう言われて、紀代美ちゃんは、なんか知らない子がいるなと思ったものの、陽子ちゃんに「入ってもいい」と言いました。

陽子ちゃんは紀代美ちゃんと遊んでもらいました。だんだん、紀代美ちゃんのグループに慣れてくると、もう言葉では「紀代美ちゃん遊ぼう」と言わなくなりました。
2、3日してから、紀代美ちゃんは陽子に言いました。
「陽子ちゃん、こっちに入ってこないで!」

どうしてそんなことを言われたかまったく理解できなかった陽子ちゃんは、突然のことでびっくりしました。泣きそうになるのをこらえて、仕方なくその日は1人で遊びました。

翌朝、陽子ちゃんはまた紀代美ちゃんのグループに入ろうとして、紀代美ちゃんに、

「やだ!」と怒鳴られました。

陽子ちゃんは泣き出しました。「私、なんにも悪いことしてないのに」と。

ひどい言われ方をしても、陽子ちゃんは、また次の日、紀代美ちゃんグループに入ろうとします。その度に、陽子ちゃんははじかれます。

来る日も来る日も、陽子ちゃんは、紀代美ちゃんグループに入ろうとしていますが、紀代美ちゃんはその度に怒っています。

陽子ちゃんは、他のグループにも入れることができたのですが、あえて紀代美ちゃんグループに入ろうとしていました。今まで誰とでも仲良くなることには自信があったのに、不思議でたまらなくなり、拒否されればされるほどムキになって紀代美ちゃんグループにちょっかいを出してしまいます。

あるとき、陽子ちゃんと紀代美ちゃんのグループの様子を観察していたなつみ先生は、紀代美ちゃんと話しをしました。

「どうして、陽子ちゃんを仲間に入れてあげないの？」

「だって、陽子ちゃんしつこいんだもん」

と紀代美ちゃんが言いました。

「仲良くするためにどうしたらいい？」

「うーん……」

と、紀代美ちゃんが言葉を濁します。

そこで、陽子ちゃんと紀代美ちゃんグループで話し合いを持つことにしてみました。


「陽子ちゃんと一緒に遊ばないの？」

となつみ先生は尋ねました。

「だって、陽子ちゃんしつこいんだもん」

とさゆみちゃんが答えました。

「そう？　先生から見たら、紀代美ちゃんやさゆみちゃんが、陽子ちゃんを仲間はずれにしているように見えるけど」

「だって、陽子ちゃんが入ってくると、せっかく私たちが楽しんでいたのに、なんかつまらなくなっちゃう気がするの」

と百合花ちゃんが言いました。

「そうそう。陽子ちゃん、なんか、勝手なのよ」

と、もとかちゃんがつけ加えました。

話し合いというよりも、陽子ちゃんへの文句がいっぱい出てきて、途中で、陽子ちゃんは泣いてしまいました。

今回の話し合いはそこで終わりにしました。

何日かたったある日、また、なつみ先生からの提案で、陽子ちゃんと紀代美ちゃんグループが話し合いを持ちました。

「なんで、陽子ちゃんと一緒に遊んであげないの？」

となつみ先生が再び尋ねると、

「陽子ちゃんが、入ってくると、さゆみちゃんや百合花ちゃんと話しができなくなるから」

と紀代美ちゃんが言いました。

「せっかく、1年間かけて、だんだん仲良くなってきたのに。陽子ちゃんが入ってくると、なんか、いやなの」

と忍ちゃんが言いました。

何度か話し合いの機会を持ってみて少しずつ分かってきました。みんなは、陽子ちゃんがグループに入ってくることに危険を感じていたのです。紀代美ちゃんグループのみんなは、いままでのいい関係が崩れてしまうと恐れているようでした。

陽子ちゃんは、その話をじっと聞いて、「自分が悪いんじゃないんだ」ということがだんだん理解できてきた様子です。

何度も話し合いを持ちましたが、なつみ先生はみんなに「いじめはよくない」とか、「仲良くしないといけない」とは一切言いませんでした。お互いがどういうことを感じているか話を丁寧に聞いていっただけでした。

しかし、何か結論が出たわけでも解決策が出てきたわけでもないのに、陽子ちゃんを紀代美ちゃんのグループが受け入れるようになったのです。

また、陽子ちゃんもいつも紀代美ちゃんグループと仲良くしているだけではなくて、適度に距離を保ち、他のグループとも仲良くしていきました。

なつみ先生はこの話しをふり返ったときに、「無理強いはしたくなかったけれど、何もしないでいるわけにはいかなかったのです」と言いました。

陽子ちゃんと紀代美ちゃんグループが仲良くなったことが、その後の陽子ちゃんや紀代美ちゃんの人生にとってよかったかどうかは、あとになってからしか分かりません。

しかし、陽子ちゃんも、紀代美ちゃんも、お互いに何度も話し合いをした結果、何でも言い合えてお互いを受け入れられるようになったことができたことが貴重な体験になることでしょう。

うれしい出来事も、悲しい出来事も人である以上、すべて起きてきます。

光と陰の両方を体験することがこれから感じるであろう豊かな哀歓（悲しみと喜び）の両方の感情を味わうことができるのです。

自分がつらいということを体験した子どもは、他人がつらいかもしれないというところに想像力が働き、他人に優しくなれるのかもしれません。

エピローグ

毎日携わっている企業内人材育成において、私たちは特に管理職の「支援者（メンター）」という役割を重視してきました。組織開発コンサルティング会社であるMMHAマネージャーズ・メンターズ社代表のマーゴ・マリー女史によれば、「支援者は『教える』『聴いて一緒に考える』『助言する』『導き見守る』という4つの機能を果たすとされ、この4つの能力すべてを発揮するのが『育児』だ」と断言しています。

そこから私たちは「育児の中には人材育成のヒントがあるのではないか？」と考えて、保育園から中学校までを丹念に取材し、ときにわが子を使っての探求がはじまりました。

人材育成のヒントを育児に求めたとき、子育ての問題点と企業の人材育成の課題点のポイントがまったく同じだということに気づきました。それは、時間効率の過剰な追求、つまり待つことができない、ということなのでした。

プロローグでご紹介した、暴力をふるってしまう悠輔くんと、見守ることを決意した奈緒美先生。このエピソードの結末は、「よい面も悪い面も受け入れて」待つことで、子どもたちの仲間の輪に加わることができるというものでした。

先生が強制や指導をすることなく、悠輔くんの折り紙教室まで開催されるという、素晴らしい結果となりました。


さらに、担任の奈緒美先生はこんな風にふり返っています。

「子どもたちは言葉にしたい、表現したいという欲求を強く持っています。これは大人以上に強いくらいなのかもしれません。この欲求が、行為を産み出す原動力なのですが、うまくできないというジレンマに苦しむこともあります。この解決策は、先生ではなく子どもたち同士のかかわり合いの中から生まれてくるものであり、教員はその手伝いをするに過ぎません。つまり教員にできることは、『来なさい』ということではなく、『おいで』でもなく、『待ってるからね』というメッセージを送り続けることだと思います」

子どもの自己表現は未熟です。

しかし、表現したい「何か」はすでに持っています。でもどうやったらうまく表に出せるのかはまだ分かりません。そのもどかしさがときに暴力となることがあります。

この「表現したいこと」と「表現する方法」がうまく噛み合えばいいのですが、これは子どもそれぞれの組合わせがあり、効率的な方法はありません。

「見つめて、待ってあげる」ただそれだけのことが、大人が想像もしないほど子どもを伸ばしていくということを、私たちは知っていただきたかったのです。

今回のようなケースでは、大人は暴力をふるうことは悪いことである、と知っているので、子どもがそんなことをしていれば、何とかしてその行為を止めようと考えるのが当然です。

しかし、そこで、先生や父兄が、「待つ勇気」を持ったことが、素晴らしい結末に至る、大きなきっかけになったのではないでしょうか。

謝辞とあとがき

この本の企画をいただいたとき、ちょうど私達は組織論の研究会を3年近く続けていたところであり、その研究したエッセンスを盛り込めば、育児に悩んでいる親にとって、いろいろと役に立つ面白い本が書けるのではないか？　と思っていました。

「親の育児力の低下」が叫ばれ、「母親力」「親爺力」などということばが一人歩きし、少年の猟奇犯罪がマスコミに喧伝され、親の育児責任論がそれこそ無責任に強調されるのを聴くに付け、本当に無力な親が増えているだけなんだろうか？　と、違和感を覚えずにはいられませんでした。

「昔はもっと厳しかった」「昔はもっとこうだった」という方法は、現代にそのまま持ち込めない場合が多く、親たちを一層混乱させているように思えたのです。

編集担当の有園智美さんのアドバイスは、「お母さんたちを責めないで、忙しいお母さんがもっと育児を楽しめる、そんな気持ちになれる本にして欲しい」、というものでした。彼女のこの視点は、最近になって「家庭教育の隘路　子育てに脅迫される母親たち」（本田由紀　東京大学准教授　著　勁草書房　刊）でも指摘されており、まさに慧眼と言うべきものでした。

荒廃と疲弊が伝えられる教育現場での取材を重ねるうちに、教員の健気で献身的な取り組みに驚かされ、感動し、ときに涙することもありました。こんな時代にあっても素晴らしい教育をしている人達が、まだまだたくさんいる、そしてその取り組みはきっと育児中の親にとって役に立つ、なんと言っても「今」取り組まれている方法なのだから、と、当初の構成を大きく変えて事例だけの章を創ることにもなりました。

取材に応じていただいた都内の区立中学校長先生、目黒区立碑小学校元副校長の齋藤先生、港区立こうわん保育園の先生方、取材同行までしていただいたAll About「育児の基礎知識」ガイドの松原美里さんと、ご友人の児童養護施設の先生、４人の子どもを育てているHさんには、お忙しい中お時間をいただき大変お世話になりました。そして、待つことの素晴らしさを豊富な事例で御示しいただいた千葉県松戸市にある常盤平幼稚園の和田佳恵先生、島田亜由美先生、宮澤由美先生、山田恵梨子先生、そして吉野いづみ園長先生には、長時間にわたるインタビューのみならず幼児教育の理想とその哲学の御教示、教育関連書籍の案内や原稿の確認までご協力いただき、感謝のことばも見つかりません。

育児は子どもだけが育つものではない、親も教員も一緒に育つんだ、ということを取材を通して私達は学びました。そして、育児は決して「楽」ではないけれど「楽しい」ということにも改めて気付かされました。

本書でご紹介してきた育児に関する提案には、とくに難しいものはないと思います。やろうと思えばいつでもはじめることのできる、そんな取り組みを中心にしてあります。それは、育児に奮戦する読者の皆様にとって現実的でなければならないという思いがあります。そして、何しろ、ご紹介した取り組みのほとんどが、「待つ」というスキルによっているわけですから。

でも、いざやってみるとなると、効果が本当にあるのだろうか？　という気持ちがみなさんの腰を重くさせているのではないでしょうか？　また、少し待ってみたけど効果を感じられないということもあるのではないでしょうか？

そんなときには、もう一度本書のページを繰っていただき、待つことによって生まれた素晴らしい物語を思い出していただければ幸いです。「待つ」ことへの勇気も湧いてくると思いますし、「待つ」ことが、子どものもつ「その人らしさ」を花開かせる、最も効果的な手段であることも、もう一度思い出していただけることと思います。

子育てが、本書をお読みいただいた親と子の人生を、豊かで稔《みの》り多いものにしてくれることを切に願います。

近藤直樹
和田晃一

《参考文献》

「小さな窓から――親と子と教師でつくる幼稚園」　森口清　著　マルジュ社
「小さな窓から――絵本を読んでやるということは」　森口清　著　マルジュ社
「新・教育学のすすめ」　村井実　著　小学館
「ダイアローグ――対立から共生へ、議論から対話へ」　デヴィッド・ボーム　著　金井真弓　訳　英治出版
「純潔の近代――近代家族と親密性の比較社会学」　デビッド・ノッター　著　慶應義塾大学出版会
「普通の家族がいちばん怖い――徹底調査！　破滅する日本の食卓」　岩村暢子　著　新潮社
「ワキから見る能世界」　安田登　著　日本放送出版協会

著者プロフィール

近藤直樹（こんどう・なおき）

「人の可能性を発揮する」ことを目的としてコーチングを行っている。高校生、大学生から社会人（一般社員から経営者）まで、幅広い分野の方の人材教育に携わる。著作に『7デイズコーチング』（エクスナレッジ）、『コーチング力が身につくトレーニングノート』、『ハッピーになるための恋愛コーチング』（すべて総合法令出版）他がある。

【著者メールアドレス】nao@be-at-work.com

和田晃一（わだ・こういち）

教育研修会社グローナビを取締役として創業後、（株）エスキューブド 執行役員CKOとして主に組織開発を研究。育児経験をもとにした人材育成を手がける。8歳と4歳 の娘の父。

【著者メールアドレス】wada@s-cubed.jp

怒らないママになる子育てのルール
愛情を上手に伝えるハッピーコーチング

2008年8月5日　初版発行

著　者　近藤直樹
　　　　和田晃一
発行者　仁部　亨
発行所　総合法令出版株式会社
〒107-0052　東京都港区赤坂1-9-15 日本自転車会館2号館7階
電話　03-3584-9821（代）
振替　00140-0-69059

印刷・製本　中央精版印刷株式会社

落丁・乱丁本はお取替えいたします。

ISBN978-4-86280-085-5
総合法令出版ホームページ　http://www.horei.com